线上教学效果评估及优化策略

EVALUATION AND OPTIMIZATION STRATEGIES FOR ONLINE
TEACHING EFFECTIVENESS

魏洪波——著

辽宁人民出版社

图书在版编目（ＣＩＰ）数据

线上教学效果评估及优化策略 ／ 魏洪波著 .
—沈阳 ：辽宁人民出版社，2024.9
ISBN 978-7-205-10845-8

Ⅰ．①线… Ⅱ．①魏… Ⅲ．①线上教学 - 策略研究
Ⅳ．① G623.202

中国版本图书馆 CIP 数据核字 (2023) 第 183999 号

出版发行：辽宁人民出版社
地址：沈阳市和平区十一纬路 25 号　邮编：110003
电话：024-23284321（邮 购）　024-23284324（发行部）
传真：024-23284191（发行部）　024-23284304（办公室）
http://www.lnpph.com.cn
印　　刷：沈阳海世达印务有限公司
幅面尺寸：170mm×240mm
印　张：11
字　数：200 千字
出版时间：2024 年 9 月第 1 版
印刷时间：2024 年 9 月第 1 次印刷
责任编辑：张天恒　王晓筱
装帧设计：山月设计
责任校对：吴艳杰
书　号：ISBN 978-7-205-10845-8

定　价：68.00 元

前 言

　　随着信息技术的进一步发展，数字化校园、网络课堂、智慧学习、大数据评价等新的教学模式已将教育推向了互联网＋时代。线上教学以其强大的网络平台、优化的技术支持冲击着传统的授课方式，引发我们对教育的全方位思考。

　　以现代远程教育理论与方法为理论指导和实践指南，以网络技术发展应用为平台支撑，线上教学随着新技术、新软件的不断出现而逐步成熟，推动了新时代教育模式创新发展。特别是 2020 年 1 月新冠病毒暴发以来，在国家统筹部署下，中国亿万师生"停课不停学"，广泛开展线上教学，伴随着新冠病毒的反复，将线上线下教学有机地结合，线上教学得到持续优化，线上教学模式成为时代新宠，走进日常。2020 年 9 月 22 日，习近平总书记在教育文化卫生体育领域专家代表座谈会上指出：要全面深化教育领域综合改革，增强教育改革的系统性、整体性、协同性。要抓好深化新时代教育评价改革总体方案出台和落实落地，构建符合中国实际、具有世界水平的评价体系。要总结应对新冠病毒以来大规模在线教育的经验，利用信息技术更新教育理念、变革教育模式。以习近平总书记重要论述为指导，科学规范、客观务实地评估线上教学效果，并研究优化策略以追求更佳教学效果，是贯彻新时代教育方针，为国家培育人才的时代要求和重要举措。

在深刻认知线上教学效果评估及优化策略的研究意义，厘清研究路径的前提下，按照"掌握理论基础—设计指标体系—探究实践验证—总结归纳策略"的逻辑脉络，先系统地学习把握相关理论，再创新性地设计线上教学效果评估的原则量规、研究数据分析处理并构建评估指标体系，进而探索优化原则和建议，最后再从平台、教师、学生三个维度提炼归纳出优化策略，力图为推进提升新时代线上教学质量提供有益借鉴。

目 录
Contents

第一章　线上教学效果评估及优化策略研究意义

第一节　线上教学效果评估及优化策略的研究背景

党的十八大以来，党中央把立德树人作为教育的根本任务，培养德智体美劳全面发展的社会主义建设者和接班人。新冠疫情防控期间，为减少疫情对正常教学的影响，根据《教育部关于2020年春季学期延期开学的通知》，北京市教委提出"停课不停学"，居家学习，家校共通、共识、共育。任务之一是针对不同年龄段的学生，做好教育供给，让每个学生获得量身定制的学习"营养餐"。充分发挥教师的专业智慧和专业指导能力，根据年段、学科特点，通过"自主学习单"等形式落实学习任务，培养学生自主学习能力和自我管理能力，达到趣温故、宽视野、知研究、长身体的目的。任务之二是在这个特殊时期，学校要有化"疫情危机"为"教育契机"的能力，"停课不停学"不仅要重新考虑教学方式变革，更要在更高站位上思考教育内容、教育思维的变革，这才是对孩子真正的教育。

虽然"停课不停学"是应急之举、暂时之举，但在教育界掀起了一场巨大波澜。应该学什么？怎么学？这场试验中有各种解读、各种做法，引发了极为广泛的讨论和思考。虽然是突发的情况，却为我们重新反思教育问题、变革教学模式、构想未来学习图景提供了一次很好的契机。全国学生在家学习，原本高度结构化、统一步调的学校经典教学场景不复往昔，而教育学者描绘的"时时能学、处处可学"的未来学习场景似乎以一种意外的方式加快走向我们。我们不敢说未来已来，毕竟这是非常时期的非常状态，但可以说它就像是一场未来学习的短暂预演，让我们认真审视可圈可点之处暴露出的问题，思考未来如何更好地开展在线学习，如何让线上和线下的学习无缝衔接，真正走向代表未来教育方向的混合式学习。

一、线上教学——在家学习的一次空前"试验"

对于全中国的大中小学生来说，2020年的寒假恐怕是他们学校生涯中最难忘的一个寒假：新冠病毒在中国大地上肆虐，导致所有学校延期开学。教育部要求疫情防控期间中小学校为学生在家上学提供资源和支持。

"停课不停学"来得过于突然,令人措手不及,甚至一开始乱象丛生,一些焦虑的家长、逐利的机构、唯成绩是瞻的学校将"停课不停学"的经念歪了。令人欣喜的是,在教育部多次"拨乱反正"之后,理性的思考和行动开始更多地出现,各地出台的方案和细则渐趋科学与冷静,一些学校设计的在线教学和在家学习方案令人耳目一新。

超 2 亿学生、超千万教师,第一次如此大规模在家学习,无论从心理上还是硬件上,出现问题是很正常的。但危中有机,此次引爆了教育界的大讨论,不失为我们反思教育问题、推动教育变革的一次良好契机,有很多问题值得我们去思考和研究。

二、线上教学——教育迎来的一场新年"大考"

全中国迎来防疫大考的同时,线上教学也迎来一场"大考"。"教育部倡议'停课不停学',积极组织力量,引导各级教育部门和学校开展网上教学,这个初衷肯定是好的",全国政协委员、上海市教委副主任倪闽景在他发表于 2020 年 2 月 12 日的文章中这样写道:"但是从基层理解情况来看,大家对于这个'学'字理解偏窄了,基本上就认为是学科类文化课的学习。正因为如此,很多学校甚至在开学前就开始了线上上课,反而加重了学生负担。"

一窝蜂地找平台,一股脑地忙注册,把教师赶上线,把课表原封不动地搬到线上……一些学校兴师动众地忙出了"教师皆尬""家长皆崩"的场景。与此同时,几乎所有校外教育机构或平台都趁热打铁,推出几百项线上免费课程以吸引流量,一些家长要求孩子大量学习此类课程,让孩子苦不堪言。21 世纪教育研究院副院长熊丙奇认为:"这是教育被功利地理解为知识教育的结果。"

针对各种乱象,教育部出面明确"停课不停学"的科学内涵:"不是指单纯意义上的网上上课,也不只是学校课程的学习,而是一种广义的学习,只要有助于学生成长进步的内容和方式都是可以的。"教育部还强调:"没有必要普遍要求教师去录播课程,充分利用好现有的优质网络课程资源……不得强行要求学生每天上网'打卡'。"

北京市教委相关负责人还特别表示,市教委提供的是托底方案,对各区校不做强制要求。全市 16 个区均制定了详细的线上教学方案,全市近 1600 所中小学校也都按照"一校一策"的方针制定了线上教学方案,其中不乏亮点。

北京市第一〇一中学怀柔分校制定了"线上教学五环节"实施细则,保证市层面课程的有效落实，从备课、上课、作业、辅导、评价五个环节对教师、教研组长、年级主任、课程部、学生和家长分别明确了职责，以确保线上教学的实际效果。此外，学校还特别设计了线上德育课程，分为班会课、晨仪课、洒扫课、社会实践课、行规教育课和健身健心课六大部分。每周一上午8点，1520多名学生准时参加线上升旗仪式。崔峰校长表示，特殊时期，充分利用班会课对学生进行居家健康教育和自主学习教育是学校线上德育的重要组成部分。要自行开发线上课程，并与市录像资源相互融合、相互补充，采用每个年级同一课表、同一授课教师、同一时间，统一使用钉钉平台开展线上教学。除学科教学外，学校还采用集中和自主两种方式，在班级和年级钉钉群，积极开展升旗仪式、主题班会、心理活动、社团活动、体育健身等项目，倡导师生、生生线上互动交流，注重发挥学生的主观能动性和自主管理意识。针对学生学习水平高、学习能力强、思维活跃度高的特点，采用了本校教师网络直播课和市级课程点播相结合的线上教学模式。学生主要课程的学习以原班级、原教师线上直播的形式开展。任课教师熟悉学生的整体学习情况及不同思维个性，在自身原有授课风格的基础上结合线上直播的特点，展现教师个人独特的教学魅力，并结合手写板、高拍仪、多屏幕互动等多种手段强化与学生的互动。学生在熟悉的师生环境中学习，配合线上交互的便捷性，迸发出积极活跃的学习思维。有学生表示："课堂互动丰富且参与人数多，注意力偶尔有分散，但很快又被带回到课堂，真的很有气氛，和面授几乎没有差别，手机都不想玩了。"

浙江大学课程与学习科学系副教授刘徽认为，如果我们带着一种发现的眼光去看，这种疫情之下的不得已同时也带来一些新的认识，让我们感受到了"无边界的学校"；隔屏的师生交流实际上带来了范梅南所说的远距离的"亲密"，你和面前的屏幕构成了一个空间，这个空间专属于你和那个学生。此次"停课不停学"对线上教学来说，既是一次"大考"，也是一次绝佳的发展良机。正如中国教育学会副会长、格致教育集团理事长张志敏所言："让我们看到了大规模、常态化实施线上教学蕴藏着的巨大能量，也让我们看到未来学习变革的新模式，展现了推进教育均衡化和教育现代化的美好前景。"

三、线上教学——探索不停学的一个重大"课题"

"不停学"不能局限于对学科知识的学习，那么孩子们还应该学什么呢？还可以获得什么样的成长呢？

在全民抗疫的特殊时节，人民教育家陶行知先生的真知灼见"生活即教育、社会即学校"在一些教育者的头脑中显得格外清晰。他们不约而同地认为,此次疫情正是学生在这个特殊假期里可以好好阅读的一本"无字大书",可以好好研究的一个"重大课题"。

华东师范大学课程与教学研究所副所长陈霜叶表示,我们可以把当下的疫情理解为一个"可教的时机",我们应该考虑,如何将这样一种重大社会生活事件、所有社会成员共同经历的危机事件,以一种用心和专业的课程设计,把个体的、碎片化的感性认识转换成为一种理性的、有深度思考的集体和个人经验、品格和素养。根据高中生的生理、心理特点及已有的知识结构,教师选择和学生公共参与。"当下,沉重的疫情,为学生学习公共参与创造了真实的学习场景。"复旦大学附属中学政治特级教师倪俊表示,因为是一门线上课程,需要综合考虑线上资源获取、隔着屏幕互动等因素的影响,所以这一次的课程建设和实施几乎是同时进行的,边建设、边实施、边改进,真正考验了教师的课程创生力。

居家学习期间,学生自由支配的时间增多了,北京市第一〇一中学怀柔校区组织 200 名一线教师,加强对学生研究性课题的线上指导。为了更好地拓宽学生视野,学校积极引进高校和研究机构的优质资源,与中国科学院大学、北京师范大学数位专家共同策划,通过直播和录播形式面向中学生开设"航空航天"系列公益讲座。对有兴趣且展示出特长的学生,专家们还进一步提供线上指导。学校利用自建平台、开放特色慕课资源"古艺新韵"等,支持学生自主学习。学校的学生会在教师指导下,牵头组织学生拍摄了12门适合初、高中学生的心理辅导系列课程、学生健身系列课程、学生居家学习生活指南系列课程。难得的加长版寒假如何度过才不浪费?崔峰校长认为,大量阅读、家务劳动、个人素养提升非常重要,我们恰恰可以借这个机会补上这一课。学校积极引导学生在家阅读书籍、参与家务劳动,开展文化、艺术、体育等方面的兴趣活动。

四、线上教学——家庭教室的一种高效"境界"

学生宅家、师生分离,高度结构化、统一步调的学校经典教学场景分崩离析。"中小学生的居家学习,完全不同于学校教学环境的学生学习",北京师范大学中国教育政策研究院教授张志勇认为,学生在家学习与在校学习相比主要有五个大的变化:一是学习环境变了,学生在家里学习更不容易受教师的控制;二是组织方式变了,学校情境下教师的教、学生的学、师生的互动组成的完整教学活动,不得不拆分成三个相对独立的环节;三是教学关系变了,学习从教师主导转向学生个体主导;四是管理方式变了,学校情境中有效的管理方式作用不明显了；五是技术方式变了，网络技术成为支撑学生在家学习的"硬技术"。

那么，在家庭环境中，如何让学生学好、学得有效果呢？香港大学的程介明教授认为可以有两种思路：第一种思路是尽量让学生在家模拟在校上课的模式，但存在"管不住"的现实困难；第二种思路是将"停课"视为改变教学模式的契机，正好摆脱原有课堂与课时的束缚，让学生尝试进入自主学习的境界。他认为以上两种思路相结合是最好的策略。他还特别强调，在家学习最关键的特色是学生必须自学，教师设计的时候就要把"教"减到最少，"学"放到最大。

北京市第一○一中学构建了类似"翻转课堂"的"一导三精"线上课堂有效模式：第一步是预学习，由教师依据学科标准和教材编制预学习任务单，任务单上包含知识理解、基本应用、生活应用三类问题以及适量的学生小组互动问题，学生根据任务单反复观看课程录像和课件，自主思考、找出疑惑，提高学习效率，体现先学后教。第二步是课堂精讲，教师依据预学习中学生发现的主要问题开展精讲，体现以学定教。第三步是课堂精练，难度分层，时长20分钟，练、讲、订正一步完成，不另外布置家庭作业，体现多学少教。第四步是精测，以少而精的问题阶段性地对学生开展测评，体现以学评教。

学校在全面了解家长(学生)需求和困难的基础上，制作推荐了各门学科的校内辅导、微课答疑系列、全国中小学教育平台、空中课堂等，每日更新内容，以便为学生提供各年级、各学科的作业辅导、重点答疑。这些微课具备暂停、回看功能，有利于个性化学习的开展，确保低年级学生和自主学习能力较差的学生在家学习的质量和效果。

五、线上教学——未来教育的一扇智慧之门

"新的学习场景的颠覆性变化，将为讨论和探索未来中小学'互联网＋教学'提供新的想象空间"，浙江省教育科学研究院普通教育研究所所长林莉为我们描述了一幅未来学习的美好图景：班级授课、统一的课时划分、课表上下课铃等不再是教学组织的唯一甚至主导形式，正式和非正式的学习社群将取代班级，在教学组织中发挥越来越大的作用；学生作为独立学习者，自主地在上大课、借助课件自学、参与正式的小组合作学习、线上的非正式社群学习、实践学习等多种学习方式之间切换、组合……

"将线上教学与线下教学相结合成为混合式学习，才是未来教育的出路"，华东师范大学课程与教学研究所所长崔允漷认为，只有混合学习才能重新思考与整合课堂时间，发挥线上与线下学习的不同优势，才能充分利用智能设备。

增强课堂学习的交互性、合作性与探究性，才能最大化地满足"异"学习，直面班级教学中的因材施教之难题。"这次疫情，吹响了未来学校转型的冲锋号，也为'空中课堂'在未来的常态化提供了可能。"新教育实验发起人、苏州大学朱永新教授表示："这次疫情期间的'停课不停学'已经为教育推开了半扇窗户，使我们看到了未来教育的亮光，而且我认为中国完全有条件成为世界上第一个打开未来教育窗户的国家。"

第二节　线上教学效果评估及优化策略的研究现状

线上学习理论是在远程教育研究的相关理论、学习理论、教学设计理论等各种理论的基础上发展起来的，随着技术的发展而不断演变，线上学习理论还具有自身的独特性。本节在介绍相关学习理论、远程教育学交互理论的基础上，将分析线上教学的概念、历史发展、线上教学的特征以及线上教学的两个维度——自主学习和社会化学习的内涵。

线上直播的出现得益于娱乐产业的蓬勃发展，具有碎片化、社交化、移动化的特点，内容丰富、交互性强，不受时空限制，能有效弥补录播视频缺乏互动的缺陷。特别是在新冠疫情防控期间，线上直播课广泛开展，各具特色。为系统研究其发展情况，在中国知网 CNKI 数据库，分别以"线上直播课""教学效果评估""优化策略"及其组合为主题，检索 2015 年 3 月至 2020 年 3 月的论文，得出以下结果。

表 1-1　2015—2020 年文献检索情况

检索主题	论文数量（篇）
直播课	32
线上直播课	1
线上直播课 + 教学效果评估	0
线上直播课 + 优化策略	0

检索出的论文观点集中在两个方面：一方面是关于线上直播课的教学环节设计，应注意多维度，确保学生跟得上、学得稳、有得问；另一方面是关于线上直播课的教学效果评价，主要提出了五个问题：优质教学资源不均衡，缺乏实时双向深度互动，临场感低、教学氛围难以控制，内容缺乏时效性，传统教学手段难以激起学生兴趣、学习者参与度不高。关于线上直播课的教学效果评估和优化策略，目前没有研究。本书将从更加全面、更加关注时代发展需求的

视角进行调查和梳理。

新冠疫情防控期间，广泛开展线上教学，线上直播课理论与实践极大丰富。跟进检索 2020 年 3 月至 2023 年 3 月的文献资料，相关情况如下表。

表 1-2　2020—2023 年文献检索情况

检索主题	论文数量（篇）
直播课	137
线上直播课	33
线上直播课 + 教学效果评估	0
线上直播课 + 优化策略	1

数据表明：新冠疫情防控期间，普遍加强直播课相关问题研究，但关注教学效果评估的极少，关注优化策略的也不多，为深入研究留下了较大的空间。

第三节　线上教学效果评估及优化策略的时代需求

我们正处在一个迅猛变革的数字时代，随着技术的不断更新和知识裂变的极度加速，人的思维模式、生活方式、沟通方式、信息与知识获取途径等也随之发生系统性改变。互联网技术已经引发人们生活方式、学习方式、沟通方式、交往方式等各方面的深度变革，互联网思维也对教育产生了深刻的影响，学生、教师、教学、知识、学习、课程、空间等教育的核心元素已被时代赋予新的内涵。我们需要改变教与学的方式，为学习者构建一个顺应时代发展以及未来社会需求的学习系统，聚焦于学习者面向未来的关键能力与核心素养的培养。因此，我们需要重新思考数字时代学习者的学习方式。

一、学生——数字时代的学习者

学生是学习的主体，他们有什么样的特点？他们需要以怎样的方式进行学习？这是我们首先要思考的问题。《未来：数字时代的学习》中特别指出，数字时代的儿童与青少年具有四个关键特征：多样性、娱乐性、参与性和可能性。也就是说，数字技术为儿童的生活带来了多样性，促进儿童不断地自主建构。各种数字设备为儿童的高度参与创造了大量机会。数字技术所营造的环境为儿童提供了多种可能性，比如，与他人合作、学中做与做中学、实现想法等。虽然奥地利哲学家克拉夫特的这些研究还不能完全包括数字时代儿童与青少年的特点，但是我们能明确地看到，当下学生的成长环境及其个性需求与我们当年大不一样，我们不能用昨天的经验来思考和研究今天的问题。

面对数字时代的学生，教师必须具备理性的认识和开放的心态，教师要把学生放在现代社会的背景中来认识，用混合式教学、融合式教学培养学生面向未来的关键能力，引领数字时代的学生健康成长。

二、课堂，设计翻转式学习路径

随着"互联网+"深度融入中国社会，学习者的学习方式正在发生巨大变化。基于互联网的移动学习、泛在学习、混合学习、在线课程学习等将成为校园学习的主流模式。我们需要着力于课堂教学变革，改变过于传统的学习模式，重构学习路径，构建"以学习者为中心"的课堂。

学习通常要经过"吸收"与"内化"两个关键阶段来完成课程的学习。在传统的学习中，学生主要是在课堂上接受并吸收教师传授的知识，课外通过做作业等形式内化课堂上所学的知识。知识内化对学生来说有较大的难度，需要教师及时指导。鉴于此，我们需要根据学习者的学习需求，结合线上教育的时代要求，借助互联网技术重构学习路径，将"吸收"与"内化"两个阶段的学习进行"翻转"，即课下"吸收"，课上"内化"。

我们可以分三个阶段重构数字技术支持下的课堂学习路径。

（一）设计课程—发布课程

强化课程学习的趣味性，教师要精心设计课程内容及其呈现方式，并将课程发布到线上学习平台，要确保课程学习的趣味性。

（二）自主学习—问题反馈

追踪学生自主学习的路径及效果。教师让学生借助线上视频以及其他形式的课程学习资源，课前开展自主学习，有针对性地培养学生自主学习的能力和习惯。同时，教师还要关注学生课前学习反馈环节。教师可以设计微习题和学习反馈单，让学生带着问题学习。通过线上网络反馈系统，教师可以轻松地掌握学生的学习数据，进而通过分析学习数据了解学生的课前学习情况，以便教师在课堂上为学生提供个性化指导。

（三）展示交流—拓展深化

教师给予个性化指导。这一阶段的重点任务是师生共同交流，检验学生课前学习的质量，并在师生双向互动中发现问题、解决问题，从而深化和拓展学习内容。在互动过程中，教师可以了解学生对课程内容的掌握情况，并有针对性地给予个性化指导。

综上，前两个阶段主要通过网络学习平台在课前完成，第三个阶段在课堂中通过师生互动完成。教师要始终关注学生的学习需求、学生对课程内容的掌握情况及学习效果。需要说明的是，新的学习路径并不能完全取代原有的学习路径，也不适用于所有的课程内容，而是对传统课堂教学路径的必要补充。

三、课程——让学习与生活深度关联

脑科学和神经心理学的研究表明，知识和技能只有在具体的情境中才会更容易被理解，知识也只有在联系中才能显现它的意义。从儿童认知世界的特点来看，儿童认知世界是整体的、不分离的，是生活化的，更是经验式的。同时，儿童是天生的探究者，他们对这个未知世界充满好奇心，喜欢动手操作，喜欢在现实生活中去感知、体验。因此，学习不应该局限在个人的头脑中，应该将问题置于一个真实的世界去理解、去解决，学习必须与生活相连接。构建与生活关联的课程是教育发展的必然趋势，"互联网+"将为课程与生活的深度关联提供更多的可能性。

项目型课程是连接生活的课程，它是目前欧美发达国家的主流课程形态。项目型课程是以复杂的真实世界为主题，在精心的学习设计基础之上，师生共同进行较长时期的基于现实生活展开的开放性探究活动。也就是按照"主题—探究—表现"来进行统整式的跨学科学习。学生可以主动地对知识进行意义建构，并在真实的情境中培养综合素养。

四、技术——教与学的底层支撑

在教学中，我们应该发挥技术的哪种作用？在总结了多年的实践教学经验后，我们得出结论，应该充分发挥技术"沟通媒介"和"脚手架"的作用，为师生搭建沟通平台和提供学习支架工具，让技术成为解决问题的工具，支持学生的学习变革，让师生运用技术开展教与学成为自然选择和习惯。为了让师生跨越"技术障碍"，消除"技术恐惧感"，我们需要为师生提供简单的技术工具。在实践中，需要始终以师生的内在需求和教学的实际运用为核心，提供相应的技术服务支持。通过学习社区视频会议、即时通等工具为师生搭建交流沟通平台，通过概念图、可视化工具、超媒体等支架工具，为学生提供"脚手架"，让学生开展基于信息技术的深度学习。当前典型的线上教育学习方式有以下六种。

（一）混合学习

混合学习是指线上和线下相结合的学习方式。混合学习是一种新型学习方

式，它恰当地结合了传统学习和线上学习的优势，既能发挥教师引导、启发、监控教学过程的主导作用，又能体现学生作为学习主体的主动性、积极性与创造性。线上学习与线下学习优势互补，可以获得最佳的学习效果。

（二）掌控式学习 LBLAD

掌控式学习是美国著名教育家和心理学家本杰明·布鲁姆（Benjamin Bloom）在 20 世纪 70 年代提出的学习方式。数字时代赋予掌控式学习以新的内涵，从某种意义上讲，这种学习方式更适用于网络化学习。掌控式学习就是让学生面对丰富的网络学习资源，根据自己的学习需求，自由掌控学习、自主学习。

（三）翻转学习

翻转学习的核心理念是"先学后教"。教师课前在网络平台上发布微课视频或者与课堂内容深度关联的学习资源，学生课前借助网络开展自主学习。教师根据学生课前学习数据，了解学生课前学习情况，在课堂中有针对性地教学。翻转学习借助网络翻转教学流程，突出学生的主体地位和教师的主导作用，从而提升教学质量。

（四）远程协作学习

远程协作学习是指不同地域的学生为了完成共同的学习任务，明确责任分工，通过网络协作开展互助性学习。远程协作学习主要是通过网络学习平台，聚焦远程协作学习任务，通过视频、语音、文字等方式进行即时交流与互动，教师和相关领域专家根据学习者的学习需求进行过程性指导，从而培养学生的高阶思维，以及自我发展、团队合作等关键能力。

（五）网络主题探究学习

网络主题探究学习是 1995 年由美国圣地亚哥州立大学教育技术系伯尼·道格（Bernie Dodge）和汤姆·马奇（Tom March）提出的。网络主题探究学习是指利用网络教育资源，从自然、社会、生活和学习课程中选择主题，在网络环境下开展研究性的学习活动。它是一种网络课程设计和应用的探究学习模式。

（六）游戏化学习

儿童天生喜欢游戏，通过线上、虚拟现实以及真实情景中的游戏等进行探究式学习。学习者在竞争性的游戏情境中，通过角色扮演协作解决问题，激发学习兴趣。游戏化学习有助于加深学生对学科内容的综合理解，更有助于提高学生合作解决问题和交流的能力。

五、线上教学的研究意义

综上，从理论与实践上研究线上教学效果评估与优化策略，具有重要的意义。

从实际需求来看，线上教学主要贯彻落实在延期开学期间"教师不停教，学生不停学"的文件精神，充分利用网络平台、微信、QQ等方式，积极开展线上教学、自主学习和线上辅导答疑等教学活动，保持师生学习状态，最大限度地减少新冠疫情对学生课程学习、升学考试的影响。从长远效果来看，持续探索和发展线上教学理论与实践，提高不同形式、内容、目的的线上教学效果及优化策略等，可以为疫情结束后的线上教学提供借鉴参考。

（一）理论意义

本书置身数字时代大背景，紧密结合时事特点，运用"互联网+""平台+""信息+"等思维手段，重点讨论构建立德树人背景下线上教学效果的评估体系，为系统地、科学地评判中学线上教学效果提供参考标准，同时，提出线上教学的优化策略，进一步丰富发展线上教学相关理论。

（二）实践意义

本书立足线上教学现状、存在矛盾等问题，探讨满足线上教学需求和促进教学效果的对策，特别在"居家成长""停课不停学"成为学生成长刚需的时期，以及课堂教学重心要转到关注学生学习上来的现实要求下，重点通过揭示、分析当前集团、校级层面直播课问题及原因，提出针对性建议及策略，对改进区域教师直播课工作具有现实指导意义，对未来教师直播课的有效开展具有直接参考价值。

第二章 线上教学效果评估及优化策略研究路径

第一节 线上教学效果评估及优化策略研究思路

一、线上教学效果评估及优化策略研究的主要任务

（一）通过文献调研了解线上直播课的效果，并分析其原因

（二）根据原因探索提升线上直播课的教学效果的系统方法

（三）依据方法建立线上直播课的教学效果的评价体系

（四）通过行动研究找到线上教学的优化教学策略

（五）研究过程中资料归类整理，建立化学资源库，为一线主播教师提供参考

二、线上教学效果评估及优化策略研究的研究思路

（一）以实地调研为基础

了解当前学校各学科在课堂教学中线上直播课的现状，与各教研组、备课组展开深入研究讨论，分析线上教学各种现象问题的深层原因。

（二）以网络为手段

通过广泛的集团内交流，以网络为手段，在比较借鉴全国各地优秀做法的基础上，结合经典成功案例，将大量线上直播课成功的经验与做法升华为精炼的理论，提出破解深层原因的对策措施。

（三）应用于一线课堂

将对策措施应用于一线课堂教学中，并不断完善，持续验证效果。

（四）设计评价指标

设计定性与定量相结合的评价指标体系问卷，采取咨询、讨论等形式，收集、综合各类专家、教学管理人员、一线教学人员及部分学生的意见，运用层次分析法研究确定教学效果的评价体系。

（五）访谈和问卷测试

通过访谈或问卷测试的形式了解评价体系的运用成效，在前期工作基础上总结提炼优秀教学策略。

三、线上教学效果评估及优化策略研究的研究目标

（一）寻找线上教学效果评估的系统方法

（二）探索互联网背景下线上教学优化策略

（三）整理线上教学在教学环节中实践经验，为一线教师提供参考资料

（四）校本资源整合优化，建立化学学科资源库

第二节　线上教学效果评估及优化策略的研究方法

（一）文献研究法

利用中国知网和图书馆资源，检索、查阅与本研究相关的文献资料，依据立德树人根本任务，提出线上直播课背景及深刻内涵，掌握中学教师主播的研究现状，并归纳先前研究成果，为进一步设计问卷，研究线上直播课教学效果评估及优化策略寻找理论支撑，明确研究方向。

（二）行动研究法

1. 计划

整理北京市一〇一中学线上直播课的特点，明确教学效果，线上直播课教学效果评估及优化策略。

2. 行动

实地调研会议，从各教研组、备课组的系统汇报中分析归纳线上直播课教学效果评估及优化策略。

3. 观察

搜集资料，从网络、家访学生的问卷中得出线上直播课教学效果评估及优化策略的相关数据。

4. 反思

整理问卷信息，描述、评价、解释行动结果，将结果分享给集团内各教师，修改下一步行动计划。四个环节不断循环，直至得出线上直播课教学效果评估及优化策略。

（三）问卷调查法

采用问卷调查形式，设计调查问卷，从主播教师、家长、学生中得出教学效果评价的相关数据，要求每一位调研对象给出至少一条合理化建议，为线上直播课教学效果评估及优化策略研究提供一手材料。

第三节　线上教学效果评估及优化策略的技术路线

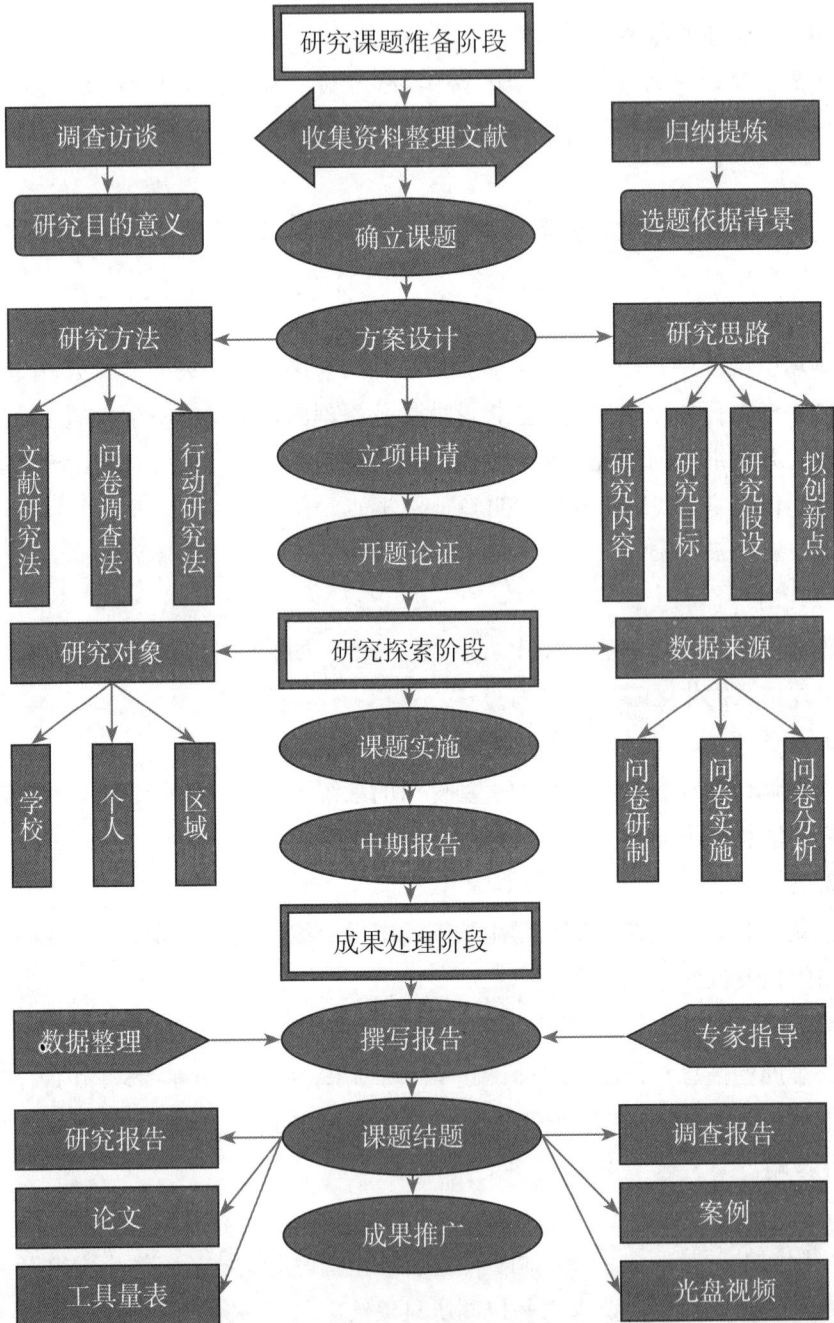

图 2-1　线上教学效果评估及优化策略的技术路线

第三章 线上教学效果评估及优化策略的理论基础

第一节 线上教学效果评估及优化策略的概念辨析

线上教学是一个宽泛的概念，随着技术的发展，其关注的侧重点也有所不同，和线上学习类似的术语还有电子化学习、网络学习、基于网络的学习等，对应的英文术语也有"Online Learning""E-Learning""Web-Based Learning"等，其核心特征是以互联网为主要媒介的学习。

一、线上教学的概念

因为对学习的理解不同，所以对线上学习的理解也蕴含了不同的哲学取向。通过梳理学习的概念，可以确定学习的核心要素，以了解持不同学习观的设计者在设计线上学习时的理念。

（一）线上教学

意思是指远程教学、在线教学。现行概念中一般指的是一种基于网络的学习行为，与网络培训概念相似。线上教育即 E-Learning，其通行概念约在 2010年之前提出，知行堂的学习教练肖刚将 E-Learning 定义为：通过应用信息科技和互联网技术进行内容传播和快速学习的方法。

E-Learning 中的"E"代表电子化的学习、有效率的学习、探索的学习、经验的学习、拓展的学习、延伸的学习、易使用的学习、增强的学习。美国是E-Learning 的发源地，有 60% 的企业通过网络的形式进行员工培训。1998 年以后，E-Learning 在世界范围内兴起，从北美、欧洲迅速扩展到亚洲地区。越来越多的国内企业对 E-Learning 表示了浓厚兴趣，并开始实施 E-Learning 解决方案。

据美国培训与发展协会（ASTD）预测，到 2010 年，雇员人数超过 500 人的公司 90% 都将采用 E-Learning 培训，E-Learning 正成为知识经济时代的正确选择。需要特别指出的是，E-Learning 不只是一种技术，技术只是传送内容的手段，重要的是内容本身以及通过学习产生的巨大变革，这才是 E-Learning 的主要意义。

（二）线上直播课

意思是指通过线上教育 E-Learning 或远程教育、线上学习等系统实施的课程。通常采取"录播＋线上答疑"的形式，或"直播＋线上答疑"的形式。课后辅导可以采用点播或线上答疑的形式。

综上，线上教育顾名思义是以网络为介质的教学方式，通过网络，学生与教师即使相隔万里也可以开展教学活动。同时，借助网络课件，学生还可以随时随地进行学习，真正打破了时间和空间的限制，对于工作繁忙、学习时间不固定的职场人而言，网络远程教育是最方便不过的学习方式。

以上概念都有其侧重点，也就是有其强调的主要特征。本书所讨论的线上教学包括线上学习和教学两个方面，强调线上学习环境中的交互、资源传递、线上支持和服务等，内容组织方式以线上课程形式为主，注重学习活动的设计。

二、线上教学的效果

教学取得的成效一般用以下标准来衡量。

（一）教学目标达成度

教学目标的达成度如何，教师是否高度关注学生的知识。

（二）教学效果满意度

教学效果的满意度如何，学生是否在教师指导下主动参与，是否 90% 以上掌握了有效的学习方法、获得了知识、发展了能力、有积极的情感体验。

（三）课堂训练题设计

课堂训练题的设计如何，通过课堂训练题可以检测教学效果。

三、线上教学的策略

线上教学的策略是建立在一定的理论基础之上，为实现某种教学目标而制定的教学实施总体方案。它不是具体的方法规定，而是在一定的教学思想指导下，根据特定情境，合理和优化地处理教学各因素的关系而采取的工作方式。包括如何选择和组织各种教学材料和教学方法，如何运用各种教学设备和手段，如何确定师生的行为程序等。

第二节　线上教学评估及教学策略的理论依据

一、线上教学的主要特征

线上教学在互联网方面的优势，被业内人士广泛引用的是"5Any"的说法。通过网络教育的模式，任何学习者 (Anyone) 通过计算机网络，都能够在任何时间 (Anytime)、任何地点 (Anywhere) 去学习任何课程 (Any Course) 的任何章节 (Any Chapter)，完全体现了随时、随地、随意的特点。

（一）最大化的资源利用

各种教育资源通过网络跨越了时空的限制，使学校教育在影响范围上超出校园，能够传播到更广泛的地区，成为一种辐射式的开放教育。在学科优势和教育资源优势一定的情况下，学校等教育机构可以把最优秀的教师、最好的教学成果通过网络传播到四面八方。

（二）自主化的学习行为

网络技术应用于远程教育，网络教育的便捷、灵活也就被所有使用者所认识。这种学习模式直接地体现了主动学习的特点，用户在学习行为上充分自主化，满足了现代教育的目标和终身教育的需求。

（三）全互动的学习形式

教师与学生、学生与学生、平台与师生之间，通过网络进行全互动的交流，拉近了教师与学生的心理距离，增加了教师与学生的交流范围，使平台能够充分了解双方的需求。通过计算机对学生提问类型、人数和次数等的统计分析，使教师了解学生在学习中遇到的疑点、难点和问题，全方位地把握学生的整体学习状态，从而有针对性地进行辅导。

（四）个性化的教学形式

线上教育中，系统地对每个网络学员的个性资料、学习过程和阶段情况等都可以实现完整的系统跟踪记录。与此同时，完善的教学服务系统可根据系统记录的个人资料，针对不同学员提出个性化的学习建议，可以说，网络教育为个性化教学提供了现实、有效的实现途径。

（五）网络化的教学管理

计算机网络的教学管理平台具有自动管理和互动处理的功能，在实际的网络化教学管理中，如学生的咨询、报名、交费、选课、查询、学籍管理、证书、作业与考试管理等，都可以通过网络的远程交互方式来完成，达到绝对的便利性与自动性。

二、线上教学的研究价值

（一）便利性

知识随处可寻，获取知识的渠道变得丰富而多样。

（二）全面性

海量的知识内容，由浅入深地展示各个层次的知识。

（三）快速性

在互联网时代，知识传播速度是惊人的，可为学生节省很多时间。

（四）及时性

属于互联网时代的特点，知识的更新保证了信息的及时性。

（五）交流性

多角度、多方位、多平台，可为学生提供多重交流。

（六）互动性

教师、学生、平台的互动，可确保学习效率的提高。

（七）升级性

学生可选择的自我升级是线上教育最终价值的体现。

三、 线上教学效果和策略的理论依据

（一）掌握学习理论

掌握学习理论的核心思想是让每个学生都有充分的、足够的学习时间。而在线上直播课结束后，教师将把学习的时间还给学生。

（二）建构主义学习理论

建构主义者认为，每一种理解都是学习者自身基于自己的经验背景而建构起来的，它取决于特定情境下的学习活动过程。线上直播课有别于传统课堂，正是它把学习的主动权还给了学生。

（三）最近发展区学习理论

苏联心理学家维果茨基的研究表明：教育对儿童的发展能起到主导作用和促进作用，但需要确定儿童发展的两种水平：一种是已经达到的发展水平；另一种是儿童可能达到的发展水平。这两种水平之间的距离，叫作"最近发展区"。这是线上直播课教学设计的理论依据之一。

（四）自主寻回学习理论

人们在学习一个东西上花费的精力越大，学习的效果就越好，且相应的记忆也会越持久。当人需要绞尽脑汁回忆所学的知识和信息时，实际上是在长期记忆之上重构的知识。

（五）有意义学习理论

有意义学习理论的实质是符号代表的新知识与学习者认知结构中的有关观念建立起联系。有意义学习理论的产生条件包括内部条件与外部条件。内部条件是有意义学习的心向，而外部条件是材料本身具有的逻辑意义。

（六）信息加工学习理论

这个理论认为学习是一个有始有终的过程，教学就是由教师安排和控制这些外部条件而构成的，而教学的艺术就在于使学习事件与教学事件完全相吻合。

（七）ARCS 学习动机理论

该理论认为，能增强学生学习动机的要素有四个：注意、关联、信心、满足。美国南佛罗里达大学的心理学教授凯勒指出，要想引起学生的学习动机，只有配合运用此四要素，才能达到激励学生学习的目的。

（八）交互作用分析理论

人可以消除过去不幸事件的怨恨，认为任何人都能够学会真诚地对待自己、思考自己、做出自己的决策、表达自己的情感。在理解和预测人的行为方面采取了结构分析、交互作用分析、生命计划分析等方法。

（九）延迟满足效应理论

为了获得更大的利益而克制欲望，放弃眼前的诱惑。

（十）超限效应理论

由于刺激过多或作用时间过久而引起的逆反心理。

第三节　我国教学评估的发展历程及分类

一、中国教育评价发展时期

中国教育评价的历史源远流长，大体分为以下四个时期。

（一）古典教育评价萌生期

先秦至魏晋南北朝时期，主要表现为选士测评活动，可称为经验考核时期。

包括《礼记·学记》的两段五级考查[①]，西周的乡里选士、诸侯贡士、学校选士，两汉的察举制度[②]，魏晋南北朝的九品中正制等，对学生管理、规定、要求以及官员选拔等作出规范。

（二）科举时期

隋唐到清末时期，主要表现为科举考试，可称为科举时期。包括制定身、言、书、判标准[③]，宋、元、明、清科举制，特别是明朝中期严格的八股文[④]，以封建礼教为基本标准测评判断个人的学识德能等，开创了人才测评选拔的新纪元。

古代教育评价是追求教育公平的主要手段，力求教育评价管理和方法的科学化、方式的多样化，并与教育活动衔接相适配。

（三）我国教育测量研究与实践时期

1905 年至党的十八大期间，主要表现为教育评价理论与实践全面丰富，进入系统发展时期。

1. 西方教育测量引入

随着《小学国文毛笔书法量表》、南京高等师范学校讲授测验等进入学校，有关测量的专著相继出版。

2. 人民教育奠基

1949 年召开第一次全国教育工作会议，拉开人民教育的序幕。全面建设社会主义时期，逐步形成较为完整的国民教育体系、培养了大批素质较高的劳动者和建设人才。

3. 教育评价曲折发展

在特定的发展时期，教育方针是紧密结合阶级斗争和路线斗争的实际组织教学，教育评价导向出现偏差，教育受到极大破坏，与发达国家的差距拉大。

---

①《学记》中的两段五级考查："比年入学，中年考校。一年视离经辩志，三年视敬业乐群，五年视博习亲师，七年视论学取友，谓之小成。九年视知类通达，强立而不反，谓之大成。"

②两汉的察举制度：中央和地方各级官员按科目规定举荐人才；皇帝亲自策试，据对策和射策水平授官。是世界上最早的笔试。

③身即仪表，应体貌丰伟；言即言论，应言词辩正；书即书法，应楷法遒美；判即文字逻辑，应文理优长。

④八股文：明、清科举考试用的文体，也称"时文""时艺""制艺""制义""八比文""四书文"等，有固定格式；由破题、承题、起讲、入手、起股、中股、后股、束股八部分组成，清顺治时定为550字，康熙时增为650字，后改为700字。

（四）评价发展的历史进程时期

1.1977—1983 年，恢复与兴起阶段

邓小平同志主持中央工作后，教育战线拨乱反正，提出"科教兴国"战略，以"三个面向"为指导，加快教育改革步伐。1984 年至 1985 年正值起步阶段，系统地引进学习国外教育评价理论与方法，评价实践活动有组织地展开，比如，积极地邀请国外教育评价专家来华讲学，正式加入 IEA 等。1985 年 6 月，教育部召开第一次全国性的教育评价研讨会《高等工程教育评价问题专题讨论会》，标志着我国教育评价研究和实践真正开始起步了。

2.1986—1989 年，走向规范化阶段

在这个阶段，国家部署高等教育评价和试点工作，成立督导室，创办第一本关于教育评价专业、全面的研究试点工作的杂志——《高教评估信息》，颁布第一个关于教育评价的规章性文件《普通高等学校教育评估暂行规定》等，我国教育评价理论和实践走向规范化。

3.1990 年至党的十八大，正规化开展阶段

1990 年 6 月，"中国教育评价研究协作组"成立；1992 年底，全国高等学校设置评议委员会；1993 年，成立北京高等学校教育质量评议中心；1994 年 1 月，国家成立了全国高等教育评估研究会。同年，教育部启动本科教学工作评估，"高等学校与科研院所学位与研究生教育评估所"在北京理工大学成立，推动了教育评价理论研究和实践的进一步结合。1996 年，创办第二本教育评价专业性杂志——《教育评价》，上海教育评价中介机构正式挂牌；1997 年，江苏省教育评估院等教育评价中介机构正式挂牌，标志着教育评价的理论研究进入新阶段。2002 年，国务院颁布《基础教育课程改革纲要（试行）》，全国开始开展教育评价的试点和改革。同年 12 月，教育部颁布《关于积极推进中小学评价与考试制度改革的通知》，规定了中小学评价与考试制度的原则。国务院批转教育部《2003—2007 年教育振兴行动计划》中明确，以全面推进素质教育为目标，加快考试评价制度改革；完善高等学校教学质量评估与保障机制。2004 年，国务院批转教育部《2003—2007 年教育振兴行动计划》中明确，大力实施"教育信息化建设工程"，加快教育信息化基础设施、教育资源建设和人才培养，全面提高现代信息技术在教育系统的应用水平。实施"农村中小学现代远程教育计划"。按照"总体规划、先行试点、重点突破、分步实施"的原则，争取用五年左右时间，使农村初中基本具备计算机教室，农村小学基本具备数字电视教学收视系统，农村小学教学点具备教学光盘播放设备和光盘资源，并初步建立

远程教育系统运行管理保障机制。农村中小学现代远程教育计划要以地方投入为主，多渠道筹集经费，中央对中西部地区重点支持。

加强农村中小学现代远程教育，要致力于提高教育质量和效益。初步形成农村教育信息化的环境，持续向农村中小学提供优质教育教学资源，不断加强教师培训；整合农村各类资源，发挥农村学校作为当地文化中心和信息传播中心的作用，为"三教统筹"、农村科技推广和农村党员干部现代远程教育服务。

以全面推进素质教育为目标，加快考试评价制度改革。完善小学升初中就近免试入学制度；积极探索以初中毕业生学业考试为基础、综合评价相结合的高中阶段招生办法改革；结合新课程的全面推进，深化高考内容改革；推进高考制度改革，进一步建立以统一考试为主、多元化考试和多样化选拔录取相结合，学校自我约束、政府宏观指导、社会有效监督的高等学校招生制度。完善高等学校招生网上远程录取系统和网上阅卷系统，建设招生信息化管理与服务平台。

完善高等学校教学质量评估与保障机制。健全高等学校教学质量保障体系，建立高等学校教学质量评估和咨询机构，实行以五年为一周期的全国高等学校教学质量评估制度。规范和改进学科专业教学质量评估，逐步建立与人才资格认证和职业准入制度挂钩的专业评估制度。加强高等学校教学质量评估信息系统建设，形成评估指标体系，建立教学状态数据统计、分析和定期发布制度。

2004年度教育工作会议提出了推进农村中小学现代远程教育计划。在数亿人口的广阔大地上，利用现代远程教育技术实现农村中小学教育的跨越式发展，可以说是教育史上的一次伟大实践。要在提高教育质量上下功夫，在"用"字上下功夫，在共享优质教育资源上下功夫。要大胆探索，努力在日常运营、软件开发、教师培训、队伍建设、设备管理等方面走出一条适应现代远程教育特点的新路来。

在2004—2009年期间，按照"巩固、深化、提高、发展"的方针推动教育改革与发展。在提高质量方面强调：质量是教育的生命线，在加快发展的同时，要把提高教育质量作为头等大事来抓。要积极探索提高教育质量的新思路、新途径。建立更加科学化、透明化的教育质量评估体系，促进学校公平竞争；形成以教育质量为导向的激励机制，发挥教师教学改革的积极性；改革学生考试评价制度，发挥学生积极主动学习的积极性。深化教育教学改革，推动各级各类教育的培养模式、课程体系、教学内容和教学方法的改革与创新，利用新的方法和技术革新，特别是要把教育的信息化作为提高教育质量的新手段。

2020年10月，我国出台首个教育评价系统性改革方案——《深化新时代教育评价改革总体方案》，方案紧扣破除唯分数、唯文凭、唯论文、唯帽子的顽瘴痼疾，针对五类不同主体设计了22项改革任务。在主要原则中明确：坚持科学有效，改进结果评价，强化过程评价，探索增值评价，健全综合评价，强化过程评价，充分利用信息技术，提高教育评价的科学性、专业性、客观性。坚持统筹兼顾，针对不同主体、不同学段和不同类型的教育特点，分类设计、稳步推进，增强改革的系统性、整体性、协同性。坚持中国特色，扎根中国、融通中外，立足时代、面向未来，坚定不移走中国特色社会主义教育发展道路。在改革学校评价方面要求：坚持把立德树人成效作为根本标准，完善幼儿园评价，改进中小学校、职业学校及高等学校评价。在组织实施方面要求：创新评价工具，利用人工智能、大数据等现代信息技术，探索开展学生各年级学习情况全过程纵向评价、德智体美劳全要素横向评价。

综上，可以看到，经过20余年的研究探索，我们取得了一些成绩：对国外教育评价理论和实践研究工作有了较为全面的了解，基本建立了我国教育评价理论和方法体系，形成了我国教育评价的实践模式，初步形成了我国教育评价制度的基本框架。与此同时，也存在一定的不足之处：实践中对评价的性质依然有错误认识，以至评价的功能发挥不够；评价模式呆板单一，基本上都是泰勒的"行为目标模式"，出现了"盲目量化"的现象；一些理论与实践问题仍需进一步探讨和解决；对评价缺乏再评价；评价者专业素质较低。

二、现代教学评价的现状

（一）量性评价与质性评价互补

量性评价方法是根据数学教育目标，通过编制试题、量表等对学生进行测试，并按照一定的标准对测试结果加以量化分析的一种评价方法。测验就是一种量性评价方法。

质性评价方法的基本取向在于对评价信息的收集、整理与评价结果的呈现都充分发挥着教育主体自身的投入，并以非数学的形式呈现评价的内容与结果。观察、访谈、自我反思等都是重要的质性评价方法。

（二）结果评价与过程评价并重

结果评价是指在项目计划执行结束时进行干预措施，在落实一段时间后，再对阶段性结果进行评价。多次阶段性总结评价的优点是可做结果动态观察。

过程性评价的"过程"是相对于"结果"而言的，具有导向性，过程性评价不是只关注过程而不关注结果的评价，更不是单纯地观察学生的表现。相反的，是关注教学过程中学生智能发展的过程性结果，如解决现实问题的能力等，及时对学生的学习质量水平做出判断，肯定成绩，找出问题，是过程性评价的重要内容。过程性评价的功能主要不是体现在评价结果的某个等级或者评语上，更是要区分与比较学生之间的态度和行为表现。从教学评价标准所依据的参照系来看，过程性评价属于个体内差异评价，即"一种把每个评价对象个体的过去与现在进行比较，或者把个体的有关侧面相互进行比较，从而得到评价结论的教学评价的类型"。评价的功能主要在于及时地反映学生学习中的情况，促使学生对学习的过程进行积极地反思和总结，而不是最终给学生下一个结论。形成性评价是教学进程中对学生的知识掌握和能力发展的评价。形成性评价又称过程评价，是在教学过程中进行的评价，是为引导教学过程正确、完善地前进而对学生学习结果和教师教学效果采取的评价。形成性评价的主要目的不是为了选拔少数优秀学生，而是为了发现每个学生的潜质，强化改进学生的学习。实验表明，经常向教师和学生提供有关教学进程的信息，可以使学生和教师有效地利用这些信息，按照需要采取适当的修正措施，使教学成为一个"自我纠正系统"。

（三）正式评价与非正式评价共存

正式评价是指教师通过相对规范的评价程序和测验，通常是纸笔测验工具或者通过一些正式举行的活动，例如知识竞赛、演讲比赛等，有针对性地了解学生情况的评价方式。

非正式评价是指教师在与学生日常教学的接触互动过程中以观察（包括直接和间接的观察）和交流为主要方式，不断地了解学生，进而在有意或无意之间形成对学生某种看法和判断的一种评价方式。

二者的根本区别在于：正式评价对学生的学习成绩等一些非隐藏性的问题能够给出准确答案。而非正式评价对于学生的一些隐藏性问题，例如学习动机、兴趣、爱好、情感、态度、价值观等，都能给出相对的答案。

（四）元评价日益受到重视

元评价就是对评价本身的评价，其主要目的是检验评价中可能出现的各种偏差，运用统计和其他方法来估计产生的偏差对评估结论的影响。"元评价"

对应的英文词为 meta-evaluation，按照一定的理论和价值标准对教育评价技术的质量及结论进行评价与研究称为元评价。

三、评估与评价的概念

（一）现代汉语对评估与评价的解释

现代汉语词典对"评估"的解释为评议、估计、评价。评估是动词。汉典解释为评价、估量。国语词典解释为根据预定的准则，去衡量方案已有或将有的效果，以决定其可行性，供选择或改进的参考。由此可见，"评估"基本等于"评价"，两者内涵和用法没有大的区别，大多数情况下两者通用，是近义词。现代汉语词典对"评价"的解释为评定价值高低。《新华词典》对评价的解释是"评论货物的价格，现泛指衡量人物、事物的作用或价值"。

（二）英语对评估与评价的解释

英语中，"评价"常翻译为三个单词：evaluation、assessment、appraisal，"评估"常翻译为 assessment。从词源学的视角来考察，英语的单词一般采用"前缀＋词根＋后缀"的结构模式，其中词根表示的基本意义多来自于远古时期的拉丁语、希腊语，前缀表示辅助含义，后缀则多表示词性。按照此种形式，"evaluation"由"e""valu""ation"三部分构成，其基本意思是"valu"，表示"价值"；"e"表示"向外"，有"导出"之意；"ation"是一个名词性后缀，表示"过程或结果"，在我国教育界通常译作"评价"，主要用于对人的判断，包括正式或非正式的评级与考核、考试，可用于评定学生在某一个学习过程中的成绩，也可评定某一职业申请者的态度，甚至于教师的能力。我国学者胡森等主编的《国际教育大百科全书》中是这样表述的：这个术语专门用于抽象的存在物，比如方案、课程以及组织变量。而 assessment 一词是由"as""sess""ment"三部分构成，其中"sess"源于拉丁语的"assider"，是"坐、说、照看"的含义；"as"则是"向、到"之意；"ment"作为抽象名词后缀，反映的是一个状态或过程。因此，assessment 就是要给被评价对象一个客观、合理的位置，强调与被评价对象在一起时为他们做了些什么，而不是对被评价对象做了什么，通常将其译为"评估"。而 appraisal 则是由"ap""prais（e）""al"三部分构成，"prais（e）"是动词"praise"，意为"欣赏、同意"；"ap"表示加强义；"al"是抽象名词后缀，多译为"考评"，如管理学中对管理人员的考核评价。

在我国文字中，"评价"是评定价值的简称，是一种价值判断活动，是对客体满足主体需要程度的判断，是对教育活动现实的(已经取得的)或潜在的(还未取得，但有可能取得的）价值的判断，以期达到教育价值增值的过程。

在教育评价理论的发展历史中，由于人们对教育评价本身认识的逐步深入和观察角度的不同，教育评价的概念有着多种不同的解释。比较典型的说法有以下四种。

1. 等同于教育测验

将教育评价等同于教育测验，甚至于认为其主要内容就是考试。

2. 强调专业判断

强调教育评价是一种"专业判断"，看重的是评价者的经验和综合素养。

3. 行为与结果的比对

认为教育评价就是将人们的行为与结果和应有的状态或既定目标相比对的过程。

4. 帮助决策

教育评价是一种有系统、有目的的收集资料，帮助决策的过程。

尽管人们对教育评价的功能与目的有着不同的看法，但是越来越多的人认识到：一种评价是属于鉴定的选拔性评价，还是属于帮促的发展性评价，这是判断其先进与否的分水岭。与此同时，教育评价的外延也由原来单一的学校教学评价，逐步扩展到学校教育的各个方面，甚至已经涉及学校内外几乎所有与教育有关的现象上。

在教育评价的各种界定中，美国学者格朗兰德（N.E.Gronlund）于 1971 年提出了一种简明扼要的表述[1]：

评价 = 行为方式的描述（量的测量或质的描述）+ 行为方式的价值判断

这一定义虽略显粗糙，但是抓住了定义的本质，普遍为人们所接受。评估(Evaluation) 是关于品质或价值评估结果的判断，这种判断基于多种评估信息来源。评价 (Assessment) 就是为了解个人和群体而收集与其相关的信息的行为。评价有两个目的，一是为学生提供反馈；二是用作教学诊断手段。评估较为模糊粗略，多用于对群体或单位的状态及效果的估价。评价是较精确的价值判断，既有对群体或单位的价值判断，又有对个人的评价。但在实际的使用中并无严格的界限，只是在不同的范围和场合有不同的习惯用法，如高等教育领域多提教育评估，在督导部门也称作督导评估，而在普通教育领域多称为教育评价。从目前我国的教育实践来看，使用评价这个称谓的情况越来越普遍。

---

①刘五驹.实用教育评价理论与技术[M].苏州:苏州大学出版社，2008:7–9.

四、教学评价概述

（一）教学评价的概念

教学评价是指以教学目标为依据，制定科学的标准，运用一切有效的技术手段，对教学活动的过程及其结果进行测定、衡量，并给予价值判断。教学评价是教学设计中一个极其重要的部分。

1. 以教学目标为依据

教学评价要以教学目标为依据，教学目标是在教学活动中所期待的学生的学习结果，它规定了学习者应达到的终点能力水平。教学之后，学习者在认知、情感和动作技能等方面是否产生了如教学目标所期待的变化，这是需要通过教学评价来回答的。因此，教学评价依据的标准是教学目标，离开了明确具体的教学目标就无法进行教学评价。如果某个教师讲课生动、课堂气氛活跃、非常受学生的欢迎，但学生没有发生如教学目标所期待的变化，也就是说，表面上热热闹闹的一堂课，实际上学生们什么也没学到，我们应该怎样评价这样一位教师的教学效果呢？我们能说这样的教学效果是好的，这样一堂课是好的吗？显然不能这样评价。因为，如果没有达到预期的教学目标，课堂生动、气氛活跃、受学生欢迎都将失去意义。因此，教学评价的标准应该和教学目标相一致，否则就无法全面、准确、客观地评价教学效果的好与差。如果教学评价的标准和教学目标不一致，那么，教学目标将失去它自身的作用，被它的评价标准取而代之。

2. 有效的技术手段

教学评价需要采用一些有效的技术手段。通常，通过测量来收集资料，但是测量不等于评价，测量是指以各种各样的测验或考试对学生在学习和教师在教学过程中所发生的变化加以数量化，给学生的学习结果赋以数值的过程。评价是对测量结果做价值判断的过程。比如，通过期末考试，某学生的语文成绩是 83 分，这就是测量的结果，但还不是评价。评价是对分数加以解释，做出价值判断的过程。例如，83 分的考试成绩和该生以前的考试成绩相比，是提高了还是降低了？如果该生期中考试语文成绩是 79 分，那么，该生期末考试成绩提高，学习进步了；如果该生期中考试成绩是 92 分，那么，该生的期末考试成绩降低，学习退步了。再比如，83 分的成绩处在班级的什么位置？如果全班学生平均成绩是 72 分，那么，该生的成绩在平均成绩之上，是较好的成绩；如果全班平均成绩是 88 分，那么，该生的成绩在平均成绩之下，是较差的成绩。我们还可以问 83 分的成绩是否实现了预期的教学目标？如果教师预期的目标是 80 分，那么，该生达到了预期目标；如果教师预期的目标是 85 分，那么，该生还未达到预期目标。可见，测量是评价的前提和重要手段，但并不等于评价。另外，虽然测量是评价的重要手段，但并不是唯一的手段。教学评价还可以通过一些非测量的方法，如观察、谈话和收集学生的作业、作品等有关资料来实施。尤其是信息技术的发展，给教学评价提供了很多方便、快捷的测量、跟踪和统计等工具。

3. 对过程和结果进行评价

教学评价要对教学的过程和结果进行评价。教学评价不仅仅是评价教学的结果，更要对教学的过程、对教学中的方方面面进行评价。信息技术环境下的教学设计要改变以往单一的评价主体，过分重视总结性评价的教学评价方法，强调多元化的评价主体、形成性评价、面向学习过程的评价，由学生本人、同伴、教师对学生在学习过程中的态度、兴趣、参与程度、任务完成情况以及学习过程中所形成的作品等进行评估，实施评价的办法有课堂调查表、课堂打分表、作品打分表等。

（二）教学评价的作用

教学评价在学习和教学过程中发挥着许多重要的作用。教学评价的一般作用可以概括为以下几个方面。

1. 导向作用

在教学评价中，对任何被评价对象所做的价值判断，都是根据一定的评价目标、评价标准进行的。这些目标和标准也就是努力的方向。

2. 鉴定作用

也就是说，评价活动可以衡量被评价对象是否达到合格标准或其达到目标的优劣程度。

3. 监督作用

教学评价总是将被评价对象与评价目标相比较，从而找出差距，监督被评价对象朝评价目标前进。

4. 调节作用

①评价者为被评价者调节目标及进程。例如，通过评价，评价者认为被评价者已达到目标，并能达到更高目标时，就会将目标调高，将进程调快，使之符合被评价者的实际。②被评价者通过评价了解自己的长短，明确努力方向及改进措施，以实现自我调节。

5. 诊断作用

教学评价的过程就是评价者通过搜集被评价对象的有关资料并进行分析，根据评价标准对被评价对象哪些达到了目标、哪些没有达到目标而做出价值判断，并为其所存在的问题找出原因，再针对这些原因提供改进途径和措施的过程。

6. 激励作用

良好的评价会对成功的经验起到强化的作用，使被评价者更加努力，产生获取更大成功的动力。

（三）教学评价的分类

教学评价按照不同的依据，可分为多种形式的评价。

1. 以基准为依据

可分为相对评价、绝对评价、自身评价。

2. 以内容为依据

可分为过程评价、成果评价。

3. 以功能为依据

可分为诊断性评价、形成性评价、总结性评价。

4. 以方法为依据

可分为定性评价、定量评价。

（四）教学评价的历史演变和发展趋势

1. 教学评价的发展阶段

国内外对教育评价的发展阶段划分有明显差异，这与我国教育发展历史过程的特殊性有关。在美国，现代意义的教育评价分为四个时代，包括测量时代、描述时代、判断时代和建构时代。这是以每个时期中教育评价的主要任务作为时代划分的依据。

在我国，学者们倾向于把 20 世纪 80 年代末 90 年代初作为我国教育评价发展的历史转折点，在这之前为间续发展时期，在这之后为持续发展时期。一般认为，1985 年 5 月《中共中央关于教育体制改革的决定》、1990 年 10 月《普通高等学校教育评估暂行规定》、1993 年 2 月《中国教育改革和发展纲要》几个重要文件的相继颁发是我国教育评价进入持续发展时期的标志。

2. 传统评价存在的问题

这是一种从时间的连续性上对我国教育评价发展阶段所作的简单划分。

（1）评价内容仍过多倚重学科知识，特别是课本上的知识，而忽视了实践能力、创新精神、心理素质以及情绪、态度和习惯等综合素质的考查。

（2）评价标准仍过多强调共性和一般趋势，忽略了个体差异和个性化发展的价值。

（3）评价方法仍以传统的纸笔考试为主，仍过多地倚重量化的结果，而很少采用体现新评价思想的、质性的评价手段与方法。

（4）评价主体被评价者仍多处于消极的被评价地位，基本上没有形成教师、家长、学生、管理者等多主体共同参与、交互作用的评价模式。

（5）评价重心仍过于关注结果，忽视被评价者在各个时期的进步状况和努力程度，没有形成真正意义上的形成性评价，不能很好地发挥评价促进发展的功能。

3.评价的发展趋势

教育评价正朝着多元化的方向发展，多元教育评价成为人们关注的焦点。具体表现为评价主体多元化、评价内容多元化、评价方式多元化、评价对象多元化、评价工具（评价方法）多元化、评价标准多元化和评价过程动态化。评价的原则也更多地反映多元化特点。

（1）评价是多角度的；

（2）评价关注学生不同阶段的成长；

（3）评价要反映教学信息，尤其是学生的知识与技能在真实情境中的运用；

（4）正式与非正式评价同等重要；

（5）学生是主动的自我评价者。

通过考察教学评价的历史发展和未来走向，我们得到的启示是教学评价是不断发展和完善的，它的完善和发展是科学性、教育性不断提高的过程，是辩证的多样综合的过程。

（五）新课程评价的特点

新课程评价理念的根本出发点是促进学生的发展，那么，这一理念引导下的新课程评价有哪些特点呢？总体来说，体现在以下几个方面。

1.评价的目的——促进发展

弱化原有的甄别和选拔功能，关注学生、教师、学校和课程发展中的需要，突出评价的激励与控制功能，激发学生、教师、学校和课程的内在发展动力，促进其不断进步，实现自身价值。

2.评价的内容——综合化

重视知识以外的综合素质的发展，尤其是创新、探究、合作与实践等能力的发展，以适应人才发展多样化的要求。

3. 评价的标准——分层化

关注被评价者之间的差异性和发展的不同需求，促进其在原有水平上的提高和发展的独特性。

4. 评价的方式——多样化

将量性评价与质性评价方法相结合，将形成性评价与总结性评价相结合，适应综合评价的需要，丰富评价与考试的方法，如成长记录袋、学习日记、情景测验、行为观察和开放性考试等，追求科学性、实效性和可操作性。

5. 评价的主体——多元化

从单向转为多向，增强评价主体间的互动，强调被评价者成为评价主体中的一员，建立学生、教师、家长、管理者、社区和专家等共同参与、交互作用的评价制度，以多渠道的反馈信息促进被评价者的发展。

新课程评价刚刚起步，各方面条件尚未完善，一定会遇到这样或那样的困难。我们应坚定教育改革的宗旨，以发展为目标，迎难而上，争取工作的主动性、超前性。如果想等所有条件成熟了再行动，就会陷入被动、落后的局面。因此，一方面，我们要借鉴和学习他人的经验；另一方面，我们要反思自己以往的工作，总结经验与教训，结合本地、本校的情况，以发展为目的，大胆尝试，勇创佳绩。

（六）新课程评价理念下课堂教学评价的标准

《基础教育课程改革纲要（试行）》在对教师和学生评价的两个维度上作出了根本性的调整。首先，就教师而言，要求以教师自评为主，强调教师对自己教学的分析与反思，校长、教师、学生和家长对评价的参与，都是为了促进教师创造性教学水平的提升。其次，就学生而言，教师对其评价的重点是发现和发展学生多方面的潜能，帮助学生认识自我并建立自信同时，主张评价主体的多元化，即教师评价、学生自评和互评相结合。在这个评价理念下，新课程课堂教学评价的标准有以下几点。

1. 基础性目标与发展性目标协调统一

基础性目标是指按照新课程标准和教学内容的科学体系，进行有序的教学，完成知识、技能教学。发展性目标包括以培养学生学习能力、学习素质和情感为重点的良好社会素质。课堂教学目标就是把知识、技能教学与能力、情感教学有机地结合起来。因此，应优化教学目标，将基础性目标与发展性目标协调统一。

2. 课堂教学过程与策略有机统一

科学的课堂教学过程与课堂教学策略相结合，主要解决学生"爱学""会

学""善学"三方面的问题。由此,可推出课堂教学策略的三个体系:

（1）激励性教学策略体系;

（2）自主性教学策略体系;

（3）探究性教学策略体系。

3.状态目标与状态和谐统一

"以学论教"是现代课堂教学评价的指导思想,即以学生的"学"评价教师的"教",强调以学生在课堂学习中呈现的情绪状态、交往状态、思维状态、目标达成状态为参考,来评价教师教学质量的高低。其中,"学"一方面指学生能否学得轻松、学得自主,主要包括课堂教学的情绪状态和交往状态;另一方面指学生有没有会学,主要是指课堂教学的思维状态和目标达成状态。"论教"主要是指从课堂教学的四大状态来评价课堂教学效果。

对课堂教学效果的评价,从以下三个角度进行判断。

（1）师生是否保持良好的情绪状态和交往状态;

（2)学生的思维状态是否被激活,教师有没有对学生形成积极的认知干预;

（3）课堂教学目标的达成状态如何,通过课堂教学,学生有没有不同程度的、不同方面的收获。

新的课程评价理念要求我们在进行课堂教学评价时,一定要本着为师生发展服务的原则,既要关注教师对课堂教学目标的确立和对教学过程的优化情况,更要关心学生学习的质量和效果。

五、教学评价分类

（一）诊断性评价

1.诊断性评价的概念及特点

诊断性评价也称教学前评价或前置评价,一般是在某项活动开始之前,为使计划更有效地实施而进行的评价。

诊断性评价涉及的内容主要包括学生前一阶段学习中知识储备的数量和质量;学生的性格特征、学习风格、能力倾向以及对本学科的态度;学生对学校学习生活的态度、身体状况及家庭教育情况等。

一般来说,教师对学生进行诊断性评价借助的手段主要包括以前的相关成绩记录、摸底测验、智力测验、态度和情感调查、观察、访谈等。

诊断性评价最大的优点就是教师能够对自己的教育对象做到心中有数。对学生的已有知识、道德情感、性格特点等都有所了解,以便于在下一步的教育教学活动中抓住有利的时机，有针对性地、及时准确地对学生的学习行为做出评价，从而得到较为理想的教育教学效果。

2. 诊断性评价的作用

学年或课程开始之前的诊断性评价，主要用来确定学生的入学准备程度，并对学生进行安置。而教学进程中的诊断性评价则主要用来确定妨碍学生学习的原因。

（1）确定学生的入学准备程度

入学准备程度的诊断一般包括前一阶段教育中知识的储备和质量；注意力的稳定性和广度；语言发展水平；认知风格；对本学科的态度；对学校学习生活的态度；身体状况等。

教师可以通过研究学生履历、分析学业成绩表以及实施各种诊断性测试，就上述各个方面或几个方面进行诊断。诊断出学生在入学准备程度上的缺陷或特点后，教师就可据此确定每个学生的教学起点并采取某些补救性措施，选择差异性的教学策略或给学生以情感方面的关心和支持。

（2）决定对学生的适当安置

同一年级的学生肯定在知识储备能力、学习风格、志向抱负以及性格等方面互有差别。学生的这种多样性必然也要求教学条件和环境具有多样性。因此，了解学生在上述方面的差别以及差别程度，为学生提供符合其特点的学习环境，或者说，根据学生的个别差异对学生分班分组，是教师组织教学活动的前提，也是使每个学生能充分发展的必要条件。需要指出的是，根据诊断结果对学生进行安置并不能完全解决个别差异和因材施教的问题，它只是使教学适应个别差异的一个基本前提，它只能把学生安置在水平大致相当的学生群体中。解决个别差异问题，促使每个学生都能取得最佳学习进步的措施，将是组织形式多样的教学活动，提供使学生可以根据自身特点加以选择的多样化的学习方式。

（3）辨识造成学生学习困难的原因

有些学生虽然已被做了适当安置，但在学习过程中往往效果很差、进步很慢，不能达到教师为其预定的学习目标。在这种情况下，教师必须借助于各种手段（其中包括诊断性测验）设法查明学生不能从教学中获益的原因。如果教师估计学生的学习困难产生于教学，那就应该通过各种考试（考查）予以确定，然后改进自己的教学。如果教师估计学生的学习困难不是产生于教学，那就应该同其他教师一起进行"教育会诊"，分析造成学生学习困难的原因。如果估计学生的学习困难是由非教育方面的原因造成的，那就应该由学校出面，请教有关方面的专家（如心理学家、医生等）或送交有关机构进行进一步的诊断。学校和教师如果能通过诊断性评价，辨识出造成学生学习困难的原因，就很有可能设计出"治疗"方案，采取有效措施，排除干扰学生学习的因素或尽可能地降低其消极影响。

（二）形成性评价

1. 形成性评价的概念及特点

形成性评价是指在某项教学活动的过程中，为使活动效果更好而不断进行的评价。

形成性评价能及时了解阶段教学的结果和学习者学习的进展情况、存在问题等，以便及时反馈、及时调整和改进教学工作，获得最优化的教学效果。用于教学的形成性评价进行得较为频繁，如一个章节或一个单元后的小测验。

形成性评价一般又是绝对评价，即着重于判断前期工作的达标情况，教学设计中进行的评价主要是形成性评价。对于提高教学质量来说，重视形成性评价比重视总结性评价更有实际意义。

2. 形成性评价的作用

（1）改进学生的学习

形成性评价的结果可以表明学生在掌握教材中存在的缺陷，以及在学习过程中遇到的难点。当教师将批改过的试卷发给学生并由学生对照正确答案自我检查时，学生就能了解这些缺陷和难点，并根据教师的批语进行改正。有时，当教师发现某个或某些题目被全班大多数或一部分学生答错时，可以立即组织班级复习，重新讲解构成这些测试题基础的基本概念和原理。当有些错误只存在于个别学生身上时，教师可以为其提供适合其特点的纠正途径。

（2）确定学生的学习进度

某门学科的教学总是可以划分为若干个循序渐进、互有联系的学习单元，学生对一个单元的掌握往往是学习下一个单元的基础。因此，形成性评价可以用来确定学生对前边单元的掌握程度，并据此确定该学生下一单元的学习任务与速度。如果形成性测试能有计划地进行，就可使学生一步接一步地（一个单元接着一个单元地）掌握预定的教学内容。

（3）强化学生的学习

形成性评价的结果可以对学生起到积极的强化作用。正面的肯定，一方面通过学生的情感反应加强了学生进一步学习的动机或积极性；另一方面，也通过学生的认知反应加固了学生对正确答案（概念、法则、原理等）的认识，校正了含糊的理解和不清晰的记忆。要使形成性评价发挥这种强化作用，重要的一点是形成性测试不要简单地唯分数论，而应通过适当形式，简单地让学生知道他是否已掌握了该单元的学习材料，如掌握应明确指出；如尚未掌握应尽可能使用肯定性或鼓励性的评语，并提出改进意见。

（4）给教师提供反馈

通过对形成性测试结果的分析，教师可以了解自己对教学目标的陈述是否明确，组织和呈现是否有结构性，讲授是否清晰并引导了学生的思路，关键的概念、原理是否已讲清、讲透，使用的教学手段是否恰当；等等。这些信息的获得，将有助于教师重新设计并改进自己的教学内容、方法和形式。

（三）总结性评价

1.总结性评价的概念及特点

总结性评价又称事后评价，一般是在某一相对完整的教育阶段结束后，对整个教育目标实现的程度作出的评价。它以预先设定的教育目标为基准，考察学生发展达成目标的程度。总结性评价的次数比较少，一般是一学期或一学年两到三次，在学期或学年结束时进行。期中、期末考查或考试以及毕业会考等均属此类。

总结性评价的首要目的是给学生评定成绩，并为学生作证明，或提供关于某个教学方案是否有效的证明。

总结性评价有以下三个基本特点。

（1）总结性评价的目的是对学生在某门课程或课程的某个重要部分上所取得的较大成果进行全面的确定，以便对学生成绩予以评定或为安置学生提供依据；

（2）总结性评价着眼于学生对某门课程整个内容的掌握，注重测量学生达到该课程教学目标的程度，因此，总结性评价进行的次数或频率不多；

（3）总结性评价的概括性水平一般较高，考试或测验内容包括的范围较广，且每个题目都包括了许多构成该课题的基本知识、技能和能力。

2.总结性评价的作用

（1）评定学生的学习成绩

在学校工作中，总结性评价最常见的作用是评定学生的学习成绩，教师对学生的进步水平和达到教学目标的程度予以确定并打出分数，评出等级或写出评语。这类评价由于要确定学生在学生序列中的名次排列，因而常常采用"常模参照测验"，并常常使用概括的评定，同时，在成绩排列上常常力求呈现"正态分布"。

（2）预言学生在后续学习过程中成功的可能性

总结性评价的结果也常被用来预言学生在随后一门课程或一段教学过程的学习中是否可能取得成功。一般说来，在某门学科的总结性考试中，得分高的学生大多数在其他学科或该学科的其他部分的学习中也会获得高分。

（3）确定学生在后续教学过程中的学习起点

在这一点上，总结性评价的作用与形成性评价和诊断性评价的作用基本相同。某个年级结束时的总结性评价结果，既可作为确定学生在下一个年级的教学中从何起步的依据，也可反映学生在认知、情感和技能方面的学习准备程度。但是，要使总结性评价的结果可以用来确定学生在后续教学过程中的学习起点，有一点是至关重要的，那就是，总结性评价不能只用分数或单一的综合等级来表示，而应伴随比较详细、具体的评语，最好是编制一份关于该学生学习成绩的"明细规格表"，以内容和行为这两个维度来表明学生已经掌握了哪些知识和技能，具备了哪些能力或进一步学习的先决条件。否则，单一的分数不可能给后续教学过程的教师提供有助于其确定学生学习起点的有用信息。

（4）证明学生掌握知识、技能的程度和能力水平

总结性评价的结果也可用来证明学生是否已掌握了某些必备的知识和技能，至少在当时具备了某些特殊的能力。此外，在这类评价中，人们往往假设了一个"最低分数线"来表示"最低能力水平"，如同汽车司机驾驶执照考试一样，达到或超过这个水平，学生就能胜任进一步的学习任务或担当某种工作。

（5）对学生的学习提供反馈

总结性评价大多数在阶段教学任务完成时或在期末进行。如果它测试的是学生在教学过程某一阶段上的学习结果，并且，如果测试题能反映学生对各个单元学习任务的掌握程度，那么，合理编制的总结性考试（考查）也可为学生提供有关其前一阶段学习情况的信息，从而起到反馈作用，要么鼓励，要么使之纠正前段学习中的错误或改进自己的学习方法。即使是期末进行的总结性考试，如果编制巧妙、评分得当，学生仍然可以从评价结果中获得有用的信息，了解自己对这门课程的掌握程度、存在的问题和难点，了解自己的成功之处。这些信息将有助于学生明确下一阶段或下一学期自己的努力方向并建立自己的学习目标。

要使总结性评价对学生的学习起到积极的推动作用，关键的一点是在综合的单一评分中必须包括各个试题的分项得分，必要时还需给出评语和指导语。

在教学过程设计中，诊断性评价的结果用于课程教学设计中的"学生特性

分析"和课堂教学设计中教学策略的选择；形成性评价用于每一节课后或某知识单元后的及时反馈；总结性评价用于期末或单元教学结束后的学生学习结果的评价和反馈。

诊断性评价、形成性评价和总结性评价的比较如下表所示。

表3-1 诊断性评价、形成性评价与总结性评价对照

种类	诊断性评价	形成性评价	总结性评价
作用	查明学习准备和不利因素	确定学习效果	评定学业成绩
主要目的	合理安置学生，考虑区别对待，采取补救措施	改进学习过程，调整教学方案	证明学生已达到的水平，预言在后续教学过程中成功的可能性
评价重点	素质、过程	过程	结果
手段	特殊编制的测验、学籍档案和观察记录分析	形成性测验、作业、日常观察	考试
测试内容	必要的预备性知识、技能的特定样本，与学生行为有关的生理、心理、环境的样本	课题和单元目标样本	课程总教学目标样本
试题难度	较低	依据教学任务而定	中等
分数解释	常模参照、目标参照	目标参照	常模参照
实施时间	课程或学期、学年开始时，教学过程中需要时	每节课或单元教学结束后，经常进行	课程或一段教学过程结束后，一般每学期一两次
主要特点		"前瞻式"	"回顾式"

（四）表现性评价

1.表现性评价的概念

（1）为什么要提出表现性评价

表现性评价是建立在对传统的学业成就测验的批判的基础上发展起来的，教育者认为传统的测验不能有效测量学生的高水平思维技能，会限制学生的思维，抹杀学生的创造性。

（2）什么是表现性评价

我们先来看两个有代表性的定义。其一是：表现性评价是指通过观察学生在完成实际任务时的表现来评价学生已经取得的发展成就。其二是：美国教育评定技术处（The U.S.Office of Technology Assessment1992）将表现性评价界定为"通过学生自己给出的问题答案和展示的作品来判断所获得的知识和技能"。

通过这两个定义我们可以看出表现性评价不仅评价学生"知道什么"，更重要的是评价学生"能做什么"；不仅评价学生行为表现的"结果"，更重要

的是评价学生行为表现的"过程";不仅评价学生在课堂中的表现,更重要的是评价其在模拟真实或完全真实的情境下的表现。可以说,表现性评价体现了重视过程性评价、重视质性评价、重视非学业成就评价等最新评价理念。

2. 表现性评价的特点

(1)有助于阐明学习目标

真实的表现任务与复杂的学习目标匹配的程度比较高。当把实际的任务呈现给学生或告知学生家长时,会使学习目标更为清晰。

(2)可能评价学生做的能力

学校教育的一个重要结果是学生运用知识与技能解决问题的能力。表现性评价将学生置于真实的任务情境中,要求其执行一定过程或创造出产品,这就可以对这种"做"的能力作出评价。

(3)注重知识与技能的整合运用

复杂的任务表现,特别是那些持续时间比较长的任务,通常要求学生使用许多不同的技能与能力。表现性评价往往要求学生运用几个不同学科领域的知识及许多不同的能力。

下表说明了表现性评价与标准化评价的区别。

表3-2 表现性评价与标准化评价的区别

信息技术支持的评价过程	标准化评价	表现性评价		
	选答反应	构答反应	作品	行为表现
评估信息生成获取	多项选择 是非判断 匹配 填空 问答	简答句段 图表/图解 网络概念图 流程图 图形/表方框图	短文 研究论文 日志/日记 实验报告 诗歌故事/短剧表演 档案袋 艺术展览 项目 笔记本	口头汇报 舞蹈/运动 演示 体育比赛 有表情朗读 辩论 音乐独奏 小组讨论 视听磁带
评估信息录存	试题数据库	电子文件/电子档案袋		
评判决策机制	参照标准的自动匹配	量规的评估方案		

3. 表现性评价的设计要点

(1)确定评价内容和评价标准

表现性评价是对学生在完成任务时的具体行为表现的评价,因此,必须事先确定评价的内容(即教学目标),并将它分解为可观察的具体行为,制定评价这些行为优劣的标准。

（2）设计表现性任务

表现性任务是与表现性评价紧密联系的一个重要概念。所谓的表现性任务就是在表现性评价过程中，评价者要求学生完成的具体任务。因此，能否设计出适当的表现性任务是保证表现性评价的信度和效度的基本前提。

设计表现性任务，需要从以下两个方面来考虑。

第一，适当选择表现性任务的类型。在学校教学情境下，常用的表现性评价任务主要有六种类型：结构性表现任务、口头表述、模拟表现任务、做实验或调查、创作作品、完成研究项目。在实际教学中到底选择哪一种或哪几种表现性任务，需要教师根据具体情境的特征来决定。选择表现性任务的类型除了需要考虑所要评价的内容的特质以外，还需要考虑学生的发展水平、时间、空间与设备条件的限制。

第二，设计完成表现性任务的适当情境。在设计表现性任务时，教师除了要恰当地选择表现性任务的类型并具体设计表现性任务的内容以外，还要设计实施表现性任务的条件、情境以及观察的次数。这里的条件是指表现性任务实施的时间、地点或需要使用的设备用具等。这里的情境是指自然情境或特殊控制的情境。情境的选择和设计要根据表现性任务的特点和表现性评价结果的用途来决定。如果某种表现在教室中自然发生的频率不是很高，那么，教师就要特别创设一种情境，增加这种表现出现的机会，以便于观察。如果表现性评价的结果将用来决定学生的分流，那么，教师就必须提供一个标准化的正式情境，以保证每个学生都有公平的表现机会。

下表是表现性情境的典型例子。

表 3-3　表现性情境的典型案例

表现性目的：以小组合作探究为基础，制作长方体包装盒。
指导语：告诉学生在仔细观察长方形包装盒展开图的基础上，展开想象，通过分工合作，设计制作一个外观精美、经济实用的长方体包装盒，并派一名代表向全班介绍小组的产品。
情境：（1）利用课堂教学中的30分钟常规教学时间。 （2）自备可拆的长方体的包装盒以及制作新包装盒所需要纸板、直尺、剪刀、胶水、彩笔、铅笔。 （3）对包装盒的大小、尺寸、用途不作统一要求。 （4）当制作时间只剩5分钟时提醒学生。
评分标准：（1）分工明确、合作协调。（4分） （2）作品的制作巧妙，动作灵活迅速。（2分） （3）图案设计美观、大方，有创意和个性。（2分） （4）作品介绍全面，语言流畅，富有特色。（2分）

这里所谓的观察次数是指教师为了作出可靠的评价结论而需要的观察学生表现的次数。不管评价的目的、任务的性质如何，单独一次的观察结果只能代表学生的一次行为表现，不具有普遍的代表性。因此，要保证评价结论的可靠性，教师必须多次观察、多次收集资料，然后作出综合的分析。如果在不同观察中都能获得相同的表现结果，就说明这些信息是可靠的；相反，如果每次观察到的表现都不一致，那么，就需要教师再做更多次的观察、收集更多的信息，然后方可作出比较可靠的结论。

4.决定或设计表现性评价的工具

任何评价都需要借助一定的工具（施评手段和记录工具）来进行。有时，所评价的活动非常简单，评价工具可能内化于评价者身上，从外表来看并不明显。如教师对学生握笔姿势的评价，只要借助于教师的视觉和大脑进行简单的观察和分析，即可发现问题并进行矫正。而无须借助于任何外在的手段和记录工具。但对于较复杂的表现行为和情境的评价，则需要借助于一定的工具，通过系统地观察和详细地记录来进行，这样才能保证评价的客观性和有效性。

（五）过程性评价

1.过程性评价的概念

作为新课程的评价理念而提出的过程性评价，其"过程"是相对于"结果"而言的，具有导向性，过程性评价不是只关注过程而不关注结果的评价，更不是单纯地观察学生的表现。相反，关注教学过程中学生智能发展的过程性结果，如解决现实问题的能力等，及时地对学生的学习质量水平做出判断，肯定成绩，找出问题，是过程性评价的一个重要内容。

过程性评价的功能主要不是体现在评价结果的某个等级或者评语上，更不是要区分与比较学生之间的态度和行为表现。从教学评价标准所依据的参照系来看，过程性评价属于个体内的差异评价，即"一种把每个评价对象个体的过去与现在进行比较，或者把个体的有关侧面相互进行比较，从而得到评价结论的教学评价的类型"。评价的功能主要在于及时地反映学生学习中的情况，促使学生对学习的过程进行积极地反思和总结，而不是最终给学生下一个结论。

2.过程性评价的特点

（1）关注学习过程

学生在学习的过程中会采取不同的学习方式，不同的学习方式又会导致不同的学习结果。而现有的评价方法与评价工具，更多地侧重于对表层式学习方式所产生的学习结果的评价与测量，对于那些由深层式学习方式所导致的学习结果要么不予关注，要么无法评量，从而形成一个评价的死角。这是导致学生采用表层式或成就式学习方式进行学习的一个重要因素。其结果是形成一个"表层（成就）式学习方式—低层次学习结果—表层（成就）式学习方式"的恶性循环。过程性评价却恰恰关注学生学习过程中的学习方式，通过对学习方式的评价，将学生的学习方式引导至深层式的方向上来。所以，过程性评价很好地填补了上述的评价死角。比如，过程性评价中的学生自评、互评的方法，可以使学生逐步把握正确的学习方式，树立正确的学习动机，掌握适合自己的学习策略，从而真正提高学习的质量与效果，其结果是形成"深层式学习方式—高层次学习结果—深层式学习方式"的良性互动。

（2）重视非预期结果

学生的学习过程是丰富多样的，不同的学生会有不同的学习经历，从而产生不同的学习结果。传统的目标导向的学业评价，将评价的目标框定在教育者认为重要的、十分有限的范围内，这种做法使得很多有价值的教育目标被忽视，评价导向的积极作用被削弱。过程性评价则将评价的视野投向学生的整个学习经验领域，认为凡是有价值的学习结果都应当得到评价的肯定，而不管这些学习结果是否在预定的目标范围内，其结果是，学生的学习积极性大大提高，学习经验的丰富性大大增强，这正是现代教学所期待的最终目标。应当指出的是，过程性评价也会对学习的结果进行评价，与传统评价所不同的是，这里的结果是过程中的结果（process outcome），并且其评价标准不是预设的，而是目标游离和价值多元的。比如，学生自己的一些非正式的学习活动，如与人谈话、浏览网络、看电视或者阅读一些教师所列书单上没有的书籍；等等，都可能引发新的思考，这些新思考往往成为新思想、新发现的重要来源。

3. 过程性评价的实施环节

过程性评价的实施应该包括以下四个环节：明确评价的内涵和标准；设计评价方案和工具；解释和利用反映学习质量的结果；反思和改进评价方案。

（1）明确评价的内涵和标准

根据评价的使用目的及结果来看，过程性评价属于课堂学习评价，一般由学校自主进行，评价的主体包括教师和学生。在评价的过程中，教师虽然也作为评价者参与评价过程，但更多的是作为评价的监控者和组织者，所以，评价的主体主要是学生，评价的责任也就相应地落到了学生的身上。因此，评价工作的第一步是使学生理解评价的内涵和功能，明确评价的内容和标准。如何使学生提高对过程性评价的认识，使评价的水平由完全的下意识或潜意识水平以及情感水平逐步上升至知识水平，应该成为评价过程中的一项重要内容。

（2）设计评价方案和工具

过程性评价是基于人们对学习质量的认识提出来的，是一种较为具体的方法，因此，不能将过程性评价与某种特定的评价方法甚至评价工具等同起来，应该根据学校和学生的实际情况，针对具体问题，选择合适的评价工具。

下面是一所实验学校的具体做法，从中我们可以获得一些启示。

一位物理教师根据自己的观察和其他教师的反映，发现所教班级学生的学习习惯普遍不好，导致成绩不理想。为此，该教师根据过程性评价的理念，注重评价的及时修正和激励的功能，开展"白描"的记录方法，设计了一种"记录—评价—再记录—再评价"的评价方式，在教学的过程中实施评价，有效地转变了学生的学习方式。评价的方案包括三个阶段，具体如下。

第一个阶段：自我记录，自我评价。也就是说，每个学生自己给自己的平时学习情况做一个记录。记录的内容包括课前预习情况、上课集中精力情况、对待作业的修改情况。在这里，记录起到的作用不是要给他下一个结论，而是让他自己看一下平时是如何学习的，学习的态度和习惯是怎样的。通过此种记录，学生对记录结果的反映是：不记不知道，一记吓一跳。大约在一个学习阶段结束后，分小组进行一次总结。每个学生用语言叙述的形式对自己的学习习惯做一个自我评价，评价的关键不在于断定学习习惯的好与坏，而是对比自己的单元测验成绩，看看这样的学习习惯和方式对自己的学习有怎样的影响，然后自己提出修正的措施，同时教师和小组其他同学也可以给予一些建议。

第二个阶段：他人记录，他人评价。在这个阶段主要是由他人进行记录，考虑到操作性的问题，主要由同桌相互记录。记录的内容不再是学习过程中的平时表现情况，而是学生的改正情况。一段时间后，再开展一次小组讨论，主要是评价学生的改进情况，根据具体情况给予相应的肯定和鼓励。

第三个阶段：综合评价。模块结束后进行一次总的评价，汇总前两个阶段的自评、他评，教师也对学生的情况给予一定的评价。

（3）解释和利用反映学习质量的结果

过程性评价属于个体内差异评价，评价的目的并不是对学生的学习下一个终结性的结论，而是促进学生的学习与发展评价的内容，主要不是学生最后达到的水平，而是学生的进步情况。教师和学生应该通过对资料的收集分析，让学生了解自己的进步和不足，在此基础上提出建议，使学生明确将来继续努力的方向。所以，简单地把过程性评价的情况折算为一个分数加到考试成绩里面是没有意义的，过程性评价的结果与终结性评价的结果应该分别给予呈现报告。鉴于家长与社会的习惯和需要，可考虑在定性报告描述评价结果的同时，用等级表达过程性评价的结果。

（4）反思和改进评价方案

整个评价方案实施结束以后，还需要对评价方案进行再评价，也称"元评价"，即"在评价的过程中，为检讨评价方案、实施过程与结果，借以总结成功的经验和纠正评价工作之不足，而对正在进行或已完成的评价进行价值判断"。元评价的关键在于确定元评价的标准问题，即一份好的方案的标准是什么。我们可以将下述问题作为准则，考察评价的方案。

第一，有效。这个方案是为了解决什么问题，是否最合理地解决了问题，在多大程度上达到了我们的目标？

第二，可行。方案的要求是否超出了学校现有的条件和能力？

第三，可信。评价的标准是否恰当？评价工具收集的信息是否准确？

（六）发展性评价

1. 发展性评价的概念

《基础教育课程改革纲要（试行）》提出了发展性教育评价的理念。发展性评价是指依据一定的教学目标和教育价值观，评价者与学生建立相互信任的关系，共同制定双方认可的发展目标，运用适当的评价技术和方法，对学生的发展进行价值判断，使学生不断地认识自我、发展自我、完善自我，不断地实现预定发展目标的过程。它的核心思想在于促进学生的发展，一切为了学生的发展，评价标准、内容、过程、方法和手段都要有利于学生的发展。

2. 发展性评价的特点

新课程评价提出了发展性教育评价的基本理念，这一理念具体到学生评价上，便集中体现为发展性学生评价的理念和方法。这一评价理念和评价体系有以下突出特点。

（1）发展学生评价应基于一定的培养目标，并在实施中制定明确、具体的阶段性发展目标

实施学生评价首先需要有一个评价目标，只有评价目标，才能确定评价的内容和方法。学生的发展也需要目标，这个目标是学生发展的方向和依据。在传统教育评价中，这两个目标常常出现背离的情况。而发展性学生评价强调这两个目标的一致性，强调评价目标应基于一定的培养目标。

（2）发展性评价的根本目的是促进学生达成目标，而不是检查和评比

发展性学生评价所追求的不是给学生下一个精确的结论，更不是给学生一个等级或分数并与他人比较、排队，而是要通过对学生过去和现在状态的了解，分析学生存在的优势和不足，并在此基础上提出具体的改进建议，促进学生在原有水平上的提高，逐步达到基础教育培养目标的要求。

（3）发展性学生评价是注重过程的

学生的发展是一个过程，促进学生的发展同样要经历一个过程。发展性学生评价强调在学生发展过程中对学生发展全过程的不断关注。它既重视学生的现在，也要考虑学生的过去，更着眼于学生的未来。因此，发展性学生评价强调，通过关注学生发展的各个环节，促进学生的发展。

（4）发展性学生评价关注学生发展的全面性

知识与技能、过程与方法、情感、态度与价值观等各个方面都是发展性学生评价的内容，并且受到同等的重视。

（5）发展性学生评价倡导学生发展的多元化

要改变单纯通过书面测验和考试检查学生对知识、技能掌握的情况，倡导运用多种评价方法、评价手段和评价工具，综合评价学生在情感、态度、价值观、创新意识和实践能力等方面的进步与变化。这意味着，评价学生将不再只有一把"尺子"，而是多把"尺子"。

（6）发展性评价关注学生的个别差异

发展性评价强调要关注学生的个别差异，建立"因材施评"的评价体系。具体来说，就是要关注和理解学生个体发展的需要，尊重和认可学生个性化的价值取向，依据学生的不同背景和特点，运用不同的评价方法，正确判断每个学生的不同发展潜能，为每个学生制定个性化的发展目标和评价标准，提出适合其发展的具体建议。

（7）发展性评价注重本人在发展中的作用

发展性学生评价试图改变过去学生一味被动接受评判的状况，发挥学生在评价中的主体作用。具体来说，在制定评价内容和评价标准时，教师应更多地听取学生的意见，在评价资料的收集中，学生应发挥更积极的作用；在得出评价结论时，教师也应鼓励学生积极开展自评和互评，通过"协商"达成评价结论；在反馈评价信息时，教师更要与学生密切合作，共同制定改进措施，以保证改进措施的真正落实。教师不仅要做好自身对学生的评价，更要帮助学生学会自我评价，使自己从讲台上的传授者转变为学生学习的促进者。发展性学生评价

归根结底必须指向学生自我评价能力的培育。

3. 发展性评价的实施环节

实施发展性评价的基本程序包括：明确评价目标和标准；选择并设计评价工具与评价方法；收集和分析反映学生发展过程和结果的资料；明确促进学生发展的改进要点并制定改进计划。

（1）明确评价目标和标准

一般来说，发展性学生评价目标体系主要包括学科学习目标和一般性发展目标两个方面。学科学习目标是教师和学生开展学科学习活动预期要达到的结果，是学科学习活动的出发点和归宿，是评价学生的重要依据。学生的一般性发展目标涉及了个体全面发展的基本素质，如道德品质、学习的愿望与能力、交流与合作、个性与情感等。应该注意的是，在实施评价时，一般性发展目标与学科学习目标是无法截然分开的。实际上，学科学习是实现一般性发展目标的重要途径之一，学科学习目标中应该也必然要包含或渗透一般性发展目标的内容。

（2）选择并设计评价工具和评价方法

有了评价标准后，还需要选择评价方法，设计评价工具，这是在评价的设计准备阶段应做的重要工作。发展性学生评价除了使用纸笔测验以外，更为强调使用质性评价方法，如观察法、访谈法、情境测验法、行为描述法、成长记录袋评价法等。究竟选用哪一种方法，要根据评价内容和评价对象的特点来确定。

（3）收集和分析反映学生发展过程和结果的资料

反映学生学习和发展状况的资料数据是评价学生的客观事实依据，评价资料的有效性是保证达成恰当的评价结论的基础。学生评价的资料通常包括两部分：一是学生的作业、小测验、问卷调查表、小论文、计划书、实验报告、作品集、活动过程记录等表明学生学习状况的原始资料；二是来自各方面的对上述内容的评价，如教师给学生的分数、等级、评语、改进意见，学生的自我评价，同伴的观察记录与评价以及来自家长和社会的各种相关的能说明学生发展状况的信息等。

（4）明确促进学生发展的改进要点和改进计划

发展性学生评价的根本目的是要促进改进，促进发展。因此，光得出一个客观描述学生学习情况的分析报告是不够的，还需要在此基础上提出改进要点，制定改进计划。改进要点应用清楚、简练、可测量的目标术语表述出来，明确、具体地描述我们期望看到的学生通过改进以后达到目标时的行为表现。改进计划还应关注个体差异和不同背景，提出有针对性的、有个体化特征的改进要点。

第四章　线上教学效果评估的设计

第一节　线上教学效果评估的原则量规设计

一、教学评价设计的原则

（一）目标性原则

教学评价的设计要以教学目标为依据，在教学之后，学习者在认知、情感和动作技能等方面是否产生了如教学目标所期待的变化，这需要通过教学评价来回答，离开了明确具体的教学目标就无法进行教学评价。

（二）关联性原则

设计教学评价时应关联教学目标与评价方式，追求不同评价方式的互补，通过多样化的评价方式和工具，促进学习目标的实现。

（三）过程与结果统一的原则

教学评价，既要评价教学的结果，也要对教学的过程、对教学中的方方面面进行评价。信息技术环境下的教学设计要改变以往过分重视总结性评价的教学评价方法，强调形成性评价、面向学习过程的评价，对学生在学习过程中的态度、兴趣、参与程度、任务完成情况以及学习过程中所形成的作品等进行评估。

（四）客观性原则

在设计教学评价时，从测量的标准和方法到评价者所持的态度，特别是最终结果的评定都应符合客观实际，不能主观臆断或掺入个人情感。

（五）整体性原则

在设计教学评价时，要对教学活动的各个方面做多角度、全方位的评价，而不能以点代面，以偏概全。为此，教学评价应该具有多样化的特点，实现评价的主体、内容、方式、对象和标准的多元化和评价过程动态化。

（六）指导性原则

在设计教学评价时，不能就事论事，而应把评价和指导结合起来，要对可能的评价结果进行认真分析，从不同角度探讨因果关系，确认产生的原因，设计具有启发性的应对方案，以帮助被评价者明确今后的努力方向。

二、量规

量规是一种结构化的定性与定量相结合的评价技术，一般都具有评价要素、指标、权重、等级描述这几个基本构成要素，常以二维表格的形式呈现。但这并非是一个机械的规定，有时量规可能缺少权重或等级描述，而且形式也可能多种多样。使用量规时应根据实际需求不必拘于形式。

（一）量规的设计

通常，在量规设计的过程中，需观察根据学习目标和学生水平来设计评价指标，并根据具体的、可操作的描述语言来说明量规中各个指标的侧重点，确定各评价指标的权重。

设计包括以下六个步骤。

1. 确定主要评价要素

对学习计划的内容进行分析，然后确定影响学习计划执行的主要学习环节或要素，从中选择某些要素作为评价要素，选择评价要素时要考虑其总体涵盖的范围及其在单元学习计划中的地位。

2. 确定主要评价指标

评价主要指标应该符合以下要求：

（1）主要指标应该与学习目标紧密结合；

（2）主要指标要尽可能用简短的词语进行描述；

（3）主要指标一般是一维的，一个有效量规中的每个主要指标通常是一维的，它可以被分解成几个二级指标，但却与其他一级指标并列构成了评价的主要方面；

（4）所确定的主要指标整体要能够涵盖影响评价要素的各个主要方面。

每个评价要素的主要指标数目不必相同，但每个指标都应该是构成评价要素的主要影响成分。每个评价要素还可以拥有多级指标，但指标级数并不是越多越好，而应根据实际需求来确定。

3. 设计评价指标的权重

对所选定评价要素的主要评价指标进行综合权衡，为每个主要评价指标分配权重，并对量规中各评价指标的权重（分数）进行合理设置。

首先，评价指标的权重设计与教学目标的侧重点有直接的关系，并与评价的目的相关，反映主要考察目的的评价指标，权重应该高些。如对学生电子作品的评价，如果教师的主要目的是教会学生学习制作电子作品的有关技术，那么赋予技术、资源利用评价指标的权重则应该高些；如果教师的主要目的是为了让学生通过电子作品展示自己的调查报告，那么赋予选题、内容、组织等评价指标的权重则应该高些。

其次，在设计指标权重时要保证某个一级评价指标的所有二级评价指标权重之和应等于该一级指标的权重。

4. 描述评价的具体要求

在设计描述评价的具体要求时，应该使用具体的、可操作性的描述语言，避免使用概括性语言。如在评价学生的信息收集能力时，"学生具有很好的信息收集能力"就会显得很含糊，而"从多种电子和非电子的渠道收集信息，并正确地标明出处"这样的描述就显得明确得多。

5. 设计量规的水平

在设计评价量规的水平时，需要注意以下两点。

（1）同一部分必须出现在每个量规水平里。如设计研究性学习量规，水平1中涉及"信息收集"项，则在水平2、3、4也应该包括此项；

（2）量规水平必须尽可能接近等距离。例如，水平1与水平2间的间距应当与水平3间的间距相等。

6. 修改和完善评价量规

可以采用以下两种方法对评价量规进行修改和完善。

（1）用设计出的量规对学习计划进行试评价，以便发现量规在主要指标、权重分配、等级描述中存在的不足，根据试用结果进行首次完善。

（2）使用元量规对自己设计的量规进行质量评价，在评价的过程中对量规进行再次完善。元量规即用来评价量规质量的量规。

三、问卷调查法

（一）什么是问卷调查法

问卷调查法是一种传统的评定教学工作的方法，主要是通过设计问卷、测试题、量表等对被评价者在正常状态下进行测试，以获得评价的资料，并做出判断。

（二）问卷调查法的优点

1. 时间灵活，效率高

问卷可以当场发给被调查者，也可以通过邮寄或者网络实现对远距离的多方面的调查对象进行调查，既能获得大量信息，又能节省时间和经费。

2. 取样不受限制

与观察、访谈等方法相比，问卷法样本大小不受限制，完全可以根据抽样的科学要求和实际情况，确定调查样本的容量，可以选取大样本，也可以选取典型样本。

3. 调查者和被调查者无须面对面接触

具有一定的回避效果。问卷调查一般不署名，被试回答没有更多的心理负担，容易获得被试的支持，易使结论比较客观。

（三）问卷调查法的局限性

1. 设计比较麻烦

2. 回收率问题，回收率较低，会影响其代表性

3. 获取信息的质量问题

被调查者填答问卷时可能出现估计作答或回避本质性东西的现象，影响信息的准确性。因此，有时还要结合访谈了解深层次的信息。

（四）问卷调查法应用注意事项

1. 认真确定被试

被试要十分熟悉有关情况，要具有代表性。

2. 设计的题目不要太多

设计的题目要富有意义，表述要简单、明确、通俗。

3. 多要求的答案必须是具体的

对于多要求的答案，最好使用判断、选择、填空等形式。

4. 最好使用无记名答卷

答卷方式最好使用无记名，以消除被试的疑虑。

（五）调查问卷的组成

调查问卷一般包括前言、个人特征资料、事实性问题和态度性问题等内容。具体来说，问卷的结构一般包括标题、指导语、正文等几个部分。标题是对整个问卷的概括性表述，要用精练准确的语言反映问卷的目的和内容。指导语主要说明调查的目的和潜在价值、对调查者承诺保密以及提出回答问题的基本要求等。问卷的正文是问卷的中心部分，除调查对象必要的自然情况外，其余问题都是调查者要了解的重要问题。也有的问卷在最后还增加一项就问卷本身征询受调查者意见的内容。

问卷中问题的形式一般分为封闭式和开放式两种。封闭式问题即日常所说的客观性试题。封闭式问题主要有是否式问题、单选式问题、多选式问题、排序式问题、划记式问题、表格式问题等几种形式。开放式问题即日常所说的主观性试题，没有提供备选答案，让被试自由回答，表明自己对问题的看法和态度的问题。问卷中开放式问题不能多，1—2 个为宜，主要是用封闭式问题。

（六）调查问卷的设计

问卷设计通常包括以下几个基本步骤。

1. 确定调查研究课题和调查对象

围绕调查目的明确和细化研究问题，选择调查对象。

2. 确定反映变量的变数及其数目

在确定变量之后，选择一定数目的相关变数描述该变量。这是问卷设计中一个十分重要的环节。通常，我们可以根据先前经验或别人已有的研究资料，先做出试验性问卷，进行试测并修改和补充。

3. 设计表述问题的语句

在明确了变量与变数后，我们可以采用不同的提问方式提出问题，通常是把变量以问题的形式表述，而有关的变数则作为限制性答案以列举的形式来表述。问题与答案的表述方式可用选择式、评等量表式或排序等方式。

一般来说，表述问题语句的基本要求是：

（1）问题的表述力求简单清楚，避免使用模糊的或专业技术性术语；

（2）问题的措辞尽量运用中性词，避免使用导向性或暗示性语言；

（3）尽量避免使用否定性问题或双重否定性问题；

（4）问题要具体，不要提出那些抽象的、笼统的或定义不明确的抽象问题；

（5）对于那些敏感性强、威胁性大的问题，应在文字表述上努力减轻敏感程度和威胁程度，使被调查者敢于坦率做出自己真实的回答。

4. 问题的排列组合

问题的排列与组合要形成合理的结构，通常要注意以下几个方面。

（1）要方便被试者顺利回答；

（2）要便于资料整理与分析；

（3）提供答案的选项应涵盖问题答案的所有内容；

（4）问题数量要适度；

（5）问题的类型有开放式、封闭式和图画式，回答的方式有自由记述式、填答式、二元选择式（是否式）、多重选择式、评等式、排序式、分配式。

5. 试测与修订

在完成问题语句的设计和排列以后，不宜立即分发，而应该在小范围内进行一次试测，通过试测检查问题是否能被调查者理解、所列举的限制性方案是否完善。通过试测，发现问题，及时修订，经修订后再分发出去。

四、访谈法

（一）什么是访谈法

访谈，就是研究性的交谈，是以口头形式，根据被询问者的答复收集客观的、不带偏见的事实材料，以准确地说明样本所代表的总体的一种方式。尤其是在研究比较复杂的问题时，需要向不同类型的人了解不同类型的材料。访谈法广泛适用于教育调查、咨询等，既有实施的调查，也有意见的征询，更多用于个性、个别化研究。

（二）访谈法优点和缺点

1. 优点

非常容易和方便可行，引导深入交谈可获得可靠有效的资料；团体访谈，不仅节省时间，而且与会者可放松心情，做较周密的思考后回答问题，相互启发影响，有利于问题的深入。

2. 缺点

样本小，需要较多的人力、物力和时间，应用上受到一定限制。另外，无法控制被试受主试的种种影响（如角色特点、表情态度、交往方式等）。所以，访谈法一般在调查对象较少的情况下采用，且常与问卷法、测验等结合使用。

（三）访谈法分类

按照研究者对访谈结构的控制程度分为三种类型。

1. 结构性访谈

或称标准化访谈、封闭式访谈。在结构性访谈中，访问者根据事先设计好的有固定格式的提纲进行提问，按相同的方式和顺序向受访者提出相同的问题，受访者从备选答案中选择，实际上是一种封闭式的口头问卷，无法深入了解问题的症结所在。

2. 无结构性访谈

具有弹性，且很少限制答案，有时候鼓励受访者自由表达自己的观点，在质性研究中使用较多。

3. 半结构性访谈

弹性在上述两者类型之间，访问者先向受访者问一系列结构性问题，然后问一些开放性问题，以就某些问题做深入探究，弥补结构性访谈之不足。

（四）访谈的技巧

1.谈话要遵循共同的标准程序

避免只凭主观印象，或谈话者和调查对象之间毫无目的、漫无边际的交谈，关键是要准备好谈话计划。

2.访谈前尽可能收集有关被访者的材料

要分析被访者能否提供有价值的材料，要考虑如何取得被访者的信任和合作。

3.访谈所提问题要简单明了

关于访谈所提的问题，要易于回答，提问的方式、用词的选择、问题的范围要适合被访者的知识水平和习惯，谈话内容要及时记录。

4.做好心理调查

研究者要做好访谈过程中的心理调查，要善于洞察被访者的心理变化。

（五）访谈的设计

做好访谈的设计工作是顺利进行访谈的基础，必须予以重视。访谈的设计主要包括确定访谈的目的和内容以及编制访谈问题。

1.确定访谈的目的和内容

教育评价活动中的访谈，其目的性是很明确的。它直接依赖于评价的目的，为某一具体的评价活动搜集资料。因为评价指标是评价目的和目标的具体化，因此，在确定访谈目的之后可以从评价指标体系所列的各项目中，选取需要和适合运用访谈法获得评价信息的部分，确定访谈的具体内容。

2.确定访谈的对象

可采用个体访谈，也可以对有相同看法和经历的一组人进行访谈。

3.编制访谈问题

访谈问题的形式有多种。从问题答案的限定程度看，可分为封闭型、开放型和半开放型。封闭型问题在设计时已预先确定好了几个可供选择的答案，被访人的回答只能在其中选取。例如，"这节课老师所讲的内容你全部听懂，部分听得懂，还是完全没有听懂？"这类问题由于答案固定，容易组织，便于记录和统计，减少了主评的判断和加工环节，结果比较客观，但也带来一定的局限，较明显的是容易限制被访人的思路，搜集的信息不够全面细致。开放型问题的答案完全由被访人自己组织，自由应答，实现不加限制。例如，"请你谈谈你在这节课中的听课感受"。被访人既可以谈是否听得懂、听懂多少，哪些能听懂、哪些听不懂，还可以对教师的组织教学、教法、语言、板书等各方面情况谈自己的看法，充分表达自己的意见，主评可从中获取更多的信息。其不足在于不易记录和统计，给分析综合造成了麻烦。

　　编制访谈问题应力求语言表述简明准确，而且与被访人的认知水平相适应，尽量少用或不用专门用语，注意其通俗性，以便取得被访人的配合使其准确地把握问题。问题的提出不能带有倾向色彩，例如，"都说张老师的课讲得最明白，你不会不同意吧？"另外，访谈的问题一般应该按照简单—较复杂—难以回答的顺序编排。访谈开始不宜突然提出一些复杂的问题或较为敏感的问题，而应提出一些简单的、便于联络感情、激发兴趣的问题。

五、观察法

（一）什么是观察法

　　观察即在自然的教育场景下了解观察对象。观察法是人们为认识事物的本质和规律，通过感觉器官或借助一定的仪器，有目的、有计划地对自然条件下出现的现象进行考察的一种方法。观察法适用于评价那些在教学中不易被量化的行为表现（如兴趣、爱好、态度、习惯与性格）和技能性的成绩（如唱歌、绘画、体育技巧和手工制作）。

　　观察一般要在事前确定观察目的、观察范围，并必须明确对将观察的某现象需设置哪些变化的情况或场景，使被观察者在这种特定条件下进行活动，以获得合乎实际目的的材料。例如，为了研究分析网络化环境下合作学习活动中学生的学习行为，需要设计分组观察场面和可量化观察表格。

（二）观察法的优点和局限性

1. 优点

（1）直接性

　　由于观察者与被观察的客观事物直接接触，不需要其他中间环节，观察到的结果，所获得的信息资料，具有真实可靠性，是第一手资料。

（2）情境性

　　观察一般是在自然状态下实施的，对被观察者不产生作用与影响，即无外来人为因素的干扰，不会产生反应性副作用，能获得生动朴素的资料，具有一定的客观性。

（3）及时性

　　观察及时，能捕捉到正在发生的现象，因此，所获信息资料及时、新鲜。

（4）纵贯性

　　对被观察对象可以作较长时间的反复观察与跟踪观察，对被观察对象的行为动态演变可以进行分析。

（5）普适性

观察适用范围较为普遍，不但自然科学研究与社会科学研究普遍适用，而且在教育技术研究中，不少方法如调查法、实验法等也与观察法有密切关系。

2.局限性

（1）受观察对象的限制

观察法适宜于对外部现象及事物的外部联系的研究，而不适宜于对内部核心问题及事物内部联系的研究。另外，对有些较为隐蔽的事物也不大好用观察法。如研究青少年的网上不良活动问题就不适宜用观察法。

（2）受观察者本人的限制

人的感觉器官本身具有不精确性。人的感官都有一定的生理限度，超出这个限度，很难直接观察，所以观察往往难以精确化。人的观察受主观意识的影响，不同的人有不同的意识背景与理论框架，因此，对同一事物的观察，往往带有各自的主观性，难以做到客观化。

（3）受观察范围的限制

观察涉及对象的有限性，特别是在同一时期内观察的对象是不多的，这种小样本，不适用于大面积研究。

（4）受无关变量的干扰，缺乏控制

自然状态下的观察由于缺乏控制，因变量混杂在无关变量之中，没有纯化和凸现，从而使观察结果缺乏科学性。

（三）观察法的分类

根据研究的目的、内容、对象的不同，可采用不同的观察方法。依照不同的分类标准，观察法可以被分为不同的类型。以观察者是否参与被观察者的活动为标准，可以将观察分为参与观察和非参与观察；以观察对象是否受控制为标准，可以将观察分为实验观察和自然观察；以是否通过中介物为标准，可以将观察分为直接观察和间接观察。

观察还可分为有结构观察和无结构观察。有结构的观察，即有明确的评价目的、对象和范围，有详细的观察计划、步骤和设计，在观察时基本上按照设计的步骤进行。有结构的观察主要采取事件取样设计、时间取样设计和行为核查设计。无结构观察，即对研究问题的范围目标取弹性态度、观察内容项目与观察步骤不预先确定，也无具备记录要求的非可控性观察。

（四）观察法的设计

1. 观察的主要步骤

一次完整的观察，一般应包括以下主要步骤。

（1）确定观察的目的和选定观察的对象

（2）做好观察前的准备工作，如准备观察工具，设计、印制观察记录表等

（3）进入观察场所，获得被观察对象的信赖

（4）进行并作记录

（5）整理观察结果

（6）分析资料并撰写观察报告

2. 观察记录的准备工作

在进行观察之前，除了明确观察目的外，必须做好各项技术准备工作。

（1）确定观察内容

观察记录总的要求是记录实验变量引起的反应变量及观察到的明显的行为变化。但因研究主题的不同，观察记录的内容有所不同。

（2）确定观察范围

进行观察，不可能包罗万象，面面俱到，除了通过抽样选择观察对象之外，还要在时间、空间上加以取样，限制一定的范围。下表中列出了几种不同的取样方法。

表4-1　几种不同的取样方法

取样方法	特　点
时间取样	考察在特定时间内所发生的行为现象
场面取样	有意识选择一个自然场面，考察场面中出现的行为现象
阶段取样	选择某一阶段的时间范围进行有重点的考察
追踪观察	对对象进行长期、系统全面的考察，了解其发展的全过程

（3）准备观察仪器

现代化的观察仪器主要有录音机、光学照相机和数码照相机、电视摄像机、录像机、闭路电视装置等，还有进行图像和声音处理的多媒体计算机等。观察之前，不仅要备齐必要的设备，而且要检查其完好率，了解机件的性能功效，掌握操作方法，保证其精确度，以免在使用时产生故障或失真。

（4）设计观察记录表格

一个完整的观察研究必须进行观察并作记录，然后整理观察结果，包括数

字统计与文字加工,使材料系统化、精确化、本质化,为进一步分析研究作出准备。

观察记录表一般应包括以下基本项目:观察内容(行为表现);时间取样;场面取样;对象编号;行为、现象表现的等级。

记录量表在观察前要认真检验其可能出现的误差。有了这样较为周密的量表,在观察时既可以作出合适的详尽记录,又简单易行,有的只要填写数目或符号就行,这样,让观察者有边观察边思考的余地。

观察记录表格设计要简明、科学、结构化、易于操作。设计的关键,就是要根据实验的假说,对估计可能出现的结果内容条理化、结构化,形成一个层次不同的纲目,制成表格。

六、作业与测验法

(一)作业

作业是教学的有机组成部分,是教师针对教学目标和教学内容布置给学生的学习任务。通过对作业的评析,教师可以了解学生对课堂所学知识的掌握情况、判断教学目标的达成度和教学实施的有效性。

作业分为以下三类:第一类是口头作业,如阅读、复述、背诵等;第二类是书面作业,如作文、演算练习、绘制图表等;第三类是实践作业,如实验、社会调查、科技制作等。

(二)测验法

测验法是教学评价的一种重要方法,是对行为样本客观和标准化的测量。测验法最常用于评价学生认知目标的达标程度,同时,也可以为其他评价收集间接资料。例如,当评价某种学习资源在某种教学条件下的适用性时,利用测验可以取得学生学习后的量化资料,而从这些量化资料中,我们可以分析出该学习资源对学生学习的作用类型。测验法种类很多,根据不同的分类标准,把测验分为不同的类型。认识测验的类型,有利于有针对性地选择和有效地使用测验。按照测验的性质,可以分为成就测验和心理测验;按测验时机,可分为准备性测验、形成性测验和终结性测验;按试题类型,可分为客观性测验和主观性测验;按测验的标准化程度,可分为标准化测验和教师自编测验;按解释分数的标准,可分为常模参照测验和标准参照测验。

测验的优点是能在同一时间内用同一试卷测验众多的对象,收集大量可供比较研究的宝贵资料,它不仅简单易行、运用广泛,而且结果也较可靠。但是,测验也有局限性,如难于测定学生智力、能力和行为技能的水平。

七、反思笔记

反思即对行动结果及其原因进行思考。在反思过程中，一般需要对观察到的和感受到的与制定和实施计划有关的各种现象进行归纳，描述出其过程和结果，并进行判断，对现象的原因做出分析解释，指出计划与结果之间的不一致，形成基本设想、总体计划和下一步行动的计划。

教学反思即教师对自己教学过程和结果的自我监控和调整，通过反思，教师能够及时发现自己存在的缺陷和不足，以采取相应的补救或改进策略，从而加快教师专业发展的步伐。反思的内容包括以下几个方面。

（一）教学过程

教师反思自己在教学环境下采用了何种教学组织、调控与管理的方法？为什么采用这些方法？教学的效果如何？

（二）信息技术支持学生学习的可能性与方法

结合自己的教学实践，反思信息化教学环境下各种信息技术对教学支持的有效性以及更好地利用信息技术开展教学的方法。

反思常被作为一个基本环节用于教学的行动研究之中。行动研究是在教育情境中自我反省探究的一种形式，参与者包括教师、学生、校长等人，其目的在促发教育实践的合理性、正义性及其有效性。反思的工具多种多样，常用的有工作日志和教学博客。

第二节　线上教学效果评估数据分析处理

一、评价数据的处理

评价数据的处理通常包含以下两个步骤。

（一）整理评价数据

即根据客观、准确、有效等原则，对采集到的数据进行认真检查核实，并按照评价准则的要求，通过筛选、归类和建档等方式加以整理或加工处理。高效地整理信息是评价过程中一项具有全局性意义的工作，是评价过程的一个十分重要的环节，也直接影响着关于评价结果的分析与处理。

（二）对信息进行赋值或描述

即以各次评价指标及其参照标准为客观尺度，根据整理后的评价对象的数据，对评价对象达到评价各次标准的程度进行赋值或做出描述。

二、定性分析的定义、目的和特点

定性分析是用语言描述形式以及哲学思辨、逻辑分析揭示被评价对象特征的信息分析处理方法。其目的是把握事物质的规定性，形成对被评价对象完整的看法。它是分析和处理教育评价信息最常用的方法之一。

定性分析具有以下五个特点。

表 4-2　定性分析的特点

层面	特点描述
关注点	定性分析关注事物发展过程以及相互关系
对象	定性分析的对象是质的描述性资料，主要包括访谈记录、观察记录和文献信息等
程序	定性分析无严格的分析程序，有较大的灵活性
方法	定性分析主要采用逻辑分析方法和哲学思辨方法
影响因素	定性分析容易受到主观因素的影响并且对背景具有敏感性

定性分析关注事物发展过程以及相互关系，定性分析的对象是质的描述性资料，主要包括访谈记录、观察记录和文献信息等。定性分析无严格的分析程序，有较大的灵活性，定性分析主要采用逻辑分析方法和哲学思辨方法，定性分析容易受到主观因素的影响并且对背景具有敏感性。

三、定性分析的基本过程及适用范围

（一）定性分析的过程

1. 确定定性分析的目标以及分析材料的范围

2. 对资料进行初步的检验分析

3. 选择恰当的方法和确定分析的纬度

4. 对资料进行归类分析

5. 对定性分析结果的客观性、效度和信度进行评价

（二）教育评价中，定性分析用于下列五个情景

1. 对发展过程的原因探讨

2. 对被评价对象优缺点的详细描述

3. 对典型个案的深入研究

4. 对被评价对象内隐的观念、意识分析

5. 对文献档案信息的汇总和归纳

四、定量分析的定义、目的和特点

定量分析是指用数值形式以及数学、统计方法反映被评价对象特征的信息分析、处理方法。其目的是把握事物量的规定性，客观简洁地揭示被评价对象重要的可测特征。

定量分析的特点有以下几点。

表 4-3 定量分析的特点

层面	特点描述
关注点	定量分析注重被评价对象的可训特征，进行精确而简洁的量化描述
对象	定量分析的对象是具有数量关系的资料，如问卷调查和测验的信息等。评定量表和观察量表中的一些项目经一次量化后，也可成为定量分析的对象
程序	定量分析具有严格而规范的分析程序和很强的顺序性，高级的分析一般都要以低级的分析为基础
方法	定量分析采用数学和统计分析的方法，通过数学或逻辑运算，抽取并推导出对特定问题有价值的数据，并在此基础上得出结论
影响因素	定量分析受分析者主观因素影响相对比较少，客观性强
工具	定量分析可借助计算机等现代化手段完成分析，效率较高

定量分析注重被评价对象的可训特征，进行精确而简洁的量化描述，定量分析的对象是具有数量关系的资料，如问卷调查和测验的信息等。评定量表和观察量表中的一些项目经一次量化后，也可成为定量分析的对象。定量分析具有严格而规范的分析程序和很强的顺序性，高级的分析一般都要以低级的分析为基础，定量分析采用数学和统计分析的方法，通过数学或逻辑运算，推导出对特定问题有价值的数据，并在此基础上得出结论。定量分析受分析者主观因素影响相对比较少，客观性强，定量分析可借助计算机等现代化手段完成分析，效率较高。

五、定量分析的基本步骤及适用范围

1. 定量分析的基本步骤如下：

（1）对数据资料进行统计分类，描述数据分布的形态和特征

（2）通过统计检验、解释和鉴别评价的结果

（3）估计总体参数，从样本推断总体的情况

（4）进行相关分析，了解各因素之间的联系

（5）进行因素分析和路径分析，揭示本质联系

（6）对定量分析客观性、有效性和可靠性进行评价

2.定量分析的比较适用于下列四个情景：

（1）对群体的状态进行综述

（2）评比和选拔

（3）从样本推断总体

（4）对可测特征精确而客观地描述

六、定性分析与定量分析相结合

定性分析和定量分析这两种方法各有所长，两者是优势互补的。评价者绝不能根据自己的偏好，盲目地信奉、赞赏某一种方法，而排斥、贬低另一种方法。

在分析评价数据时，评价者应当根据评价信息的特性和其他因素选择最适当的方法。如果评价信息主要用于帮助被评价者改进工作时，定性的分析比定量的分析更有价值；而当评价的主要目的是比较、评比时，定量分析更为适合。因此，评价者应当尽可能地结合使用两种方法，从质和量两个侧面把握被评价者的本质特性，在此基础上做出符合实际的综合判断。此外，任何事物都是质和量的统一体，在实际运用中，定性和定量方法并不能截然分开。一方面，量的差异在一定程度上反映了质的不同，同时由于量的分析结果比较简洁、抽象通常还要借助于定性的描述，说明其具体的含义。另一方面，定性分析又是定量分析的基础，因为定量分析的量必须是同质的，在数据分析前先要判断数据的同质性，在需要时，有些定性信息也可进行二次量化，作为定量信息来处理，以提高其精确性。例如，评价者根据需要可以对等级评语"好、较好、一般、较差"等赋值"4、3、2、1"，进行量化处理。

七、评价数据的表达

评价者需要把评价的有关情况和结论形成书面报告，内容包括评价的名称和宗旨、评价的项目和结果、参评者的名单和职务、评价的时间等。评价报告以简明扼要为宜，具体资料，如各种数据、访谈记录、分析说明等可作为附件。

对评价结果，可以采用不同的表达方式，如评语、表格、统计图表等。采用评语方式时，教师需要理解在什么样的情况下才适合运用，书写时需要注意哪些问题；采用表格方式时教师应能对表格进行操作，理解表格运用范围，分析出表格数据体现出的信息、背后隐藏的信息等；采用统计图表方式时，教师

需学会统计图表的生成、理解其适用范围，解读统计图表体现出的信息。

八、评价数据的文字表达

评语是教师对学生学习的一种最常用、最简单的评价方式，有课堂教学的口头评语和作业作文的书面评语，是让学生及时了解自我、强化正确、改正错误、找出差距、促进努力健康发展的重要途径，也是沟通思想情感、推进积极思维、培养创新能力的有效方法之一。教师使用评语等文本方式表述评价结果时，应注意以下几点。

表 4-4 教师使用评语等文本方式表述评价结果时应注意的问题

注意点	具体描述
要有导向性	教师评语不仅要反映学生解题的正误，对学生进行恰当的学法指导，使学生形成正确的思维和方法，而且要注意挖掘学生的智力因素。通过积极引导，激发兴趣，拓宽学生的思路，培养学生自主创新的意识。
要有激励性	教师评语不仅判断正误、了解学生的认知水平，还要注意对学生非智力因素的评价。教师应当在评语中对学生不断鼓励。
要有差异性	每个学生都有他们各自的性格特点、兴趣爱好、优点与不足，不能千篇一律，要体现个性，切忌泛泛而谈。教师的评语要"因人而语""因材施评"，表述评语在注意体现学生差异性的同时，还要注意把握学生的个性特点。
要有准确性	准确而又得体的教师评语能极大地调动学生的学习积极性，营造一种生动、活泼、和谐的教学氛围。
要有幽默性	评价时，风趣幽默、生动优美的语言更是不可或缺的。幽默生动的语言与正面说教相比，它没有那种耳提面命的强制性；与批评指责相比，它不会有简单粗暴的弊端。
要有思维性	教师在进行课堂评语时，充分施展自身的创造才能，灵活运用教学机智将预设性语言和随机性语言结合起来，根据学生的反馈信息、突发情况临时调整原先预设的口语流程，快速反应，巧妙应对，独特创新地作出评语。

九、评价数据的表格表达

Excel 软件一个突出的特点是采用表格方式管理数据，从而使数据的处理和管理更直观更方便、更易于理解。表格处理操作，如增加行、删除列、合并单元格、表格转置等操作只需简单地通过菜单或工具按钮即可完成。此外，Excel 还提供了数据和公式的自动填充表格、格式的自动套用、自动求和、自动计算、记忆式输入、选择列表、自动更正、拼写检查审核、排序和筛选等众多功能，可以帮助用户快速高效地建立、编辑、编排和管理各种表格。

十、评价数据的图表表达

在教学中，我们可以运用形象的图形或图表来表达抽象的数据，以此来改善工作表的视觉效果，更直观、更形象地表现出工作表中数字之间的关系和变化趋势。运用图表，能使用 Excel 中的图表就是一种很好的图表表达和处理工具。图表的创建是基于一个已经存在的数据工作表的，所创建的图表可以同源数据表格共处一张工作表上，也可以单独放置在一张新的工作表（又称图表工作表）上，所以图表可以分为两种类型：一类图表位于单独的工作图中，也就是与源数据不在同一个工作表上，这种图表称为图表工作表，图表工作表就是工作簿中只包含图表的工作表；另一类图表则是与源数据处于同一工作表上，作为该工作表的一个对象，称为嵌入式图表。Excel 的常见图表有以下几种。

表 4-5　Excel 的常见图表

图表类型	用途描述
柱状图	用来显示一段时间内数据的变化或者描述各项数据之间的比较。柱形常用来强调数据随时间的变化趋势。 用来显示特定时间内各项数据的变化情况，或者比较各项数据之间的差别。它强调数据的比较，而淡化随时间的变化趋势。
条形图	用来显示某个时期内，数据在相等时间间隔内的变化趋势，它强调数据的变化率。
折线图	常用来显示间距间隔不等的数据变化情况。
XY 散点图	可以用来比较几个数据系列中的数值，也可将两组数据分别作为 XY 坐标来绘制。
饼图	用来显示数据系列中每项占该系列数值总和的比例关系。饼图只显示一个数据系列。
圆环图	类似于饼图，也用来表示部分与整体的关系，但圆环图能表示多个数据系列，每一个环形表示一个数据系列。
面积图	用来比较多个数据系列在幅度上的连续变化情况，可以直观地看到部分与整体的关系。面积图强调的是数据的变化量。
雷达图	常用来综合比较几组数据系列。在雷达图中，每个分类都有自己的数据坐标轴，这些坐标轴从中心点向外呈辐射状，同系列的数据都用折线相连。
曲面图	常用来寻找两组数据间的最佳组合，而且曲面图还可以用不同的颜色和图案来指示在同一取值范围内的区域。
气泡图	是一种特殊的散点图，气泡大小可以用来表示数据组中第三变量的数值。
圆柱、圆锥和棱锥图	可以使三维柱形图和条形图产生良好的立体视觉效果。

第三节 线上教学效果评估指标体系建立

一、评价指标体系

评价指标体系是反映评价目标的各个要素之间关系及重要程度而建立的量化系统。

评价指标体系 = 指标项（反应要素）+ 标准（反应标准）+ 权重（反应程度）

二、指标项的形成

指标项：目标要素的分解。 总体指标 + 结构指标（次级目标） + 单项指标（要素）

三、指标体系的设计原则

（一）一致性

指标的选择应与研究目的相吻合，指标确实能反映被评价对象的内容，对实现评价目标有明确的导向性。

（二）客观性

评价指标体系能够准确地把握所要研究问题的内涵，能够客观地反映事物的特征。

（三）独立性

尽可能选择相关程度低的指标。

（四）完整性

指标系统的整体完整性是指，各评价指标能从不同的角度综合反映分析被评价对象的全貌，覆盖评价的基本内容。

（五）可比性

评价指标要含义明确、计算口径一致，达到关注比、横向可比。

（六）敏感性

所选择的指标能比较敏感地反映分析被评价对象的变化。

（七）可操作性

评价指标体系要考虑资料收集的可能性，尽可能地利用现有的统计资料。评价方法要简洁、方便，易于为社会各界接受。建立评价模型，要尽可能选择公式简明、公式中的参数易于获取的模型。

四、权重系数的获得

（一）多因素统计法

（二）访问专家

五、价值性的判断

（一）单项指标得分

$$F_{ik} = W_{ik} * a_j$$

（二）结构指标得分

$$F_i = \sum F_{ik}$$

（三）总体指标得分

$$F = \sum F_i$$

（四）单项指标得分率

$$F_{ikN} = F_{ik} / F_{iko}$$

（五）结构指标得分率

$$F_{In} = F_i / F_{io}$$

I——结构指标序号

K——单项指标序号

I——等级序号

六、网络教学评价的内容

（一）学生学习活动（过程）的评价

1.学习目标

2.学习任务

3.学习态度

4.交互程度

5.资源利用

6.学习效果

（二）学生学习效果的评价

1.目标达到

2.任务完成

3. 达标测试

4. 创新精神

5. 实践作品

6. 信息素养

（三）教师指导活动的评价

1. 教学活动组织

2. 学习资源提供

3. 教学过程指导

（四）学习资源质量的评价

1. 目标与内容

2. 结构与功能

3. 超链接与导航

4. 多媒体

5. 素材质量

6. 技术规范

（五）支撑服务系统的评价

1. 技术水平（安全、稳定、规范、便捷）

2. 教学功能（策略支持、系统工具提供、管理）

3. 资源提供（数量、质量、相关程度）

4. 咨询服务（咨询、培训、保障）

七、网络教学评价过程与步骤

1. 准备阶段

2. 实施阶段

3. 处理阶段

4. 判断阶段

5. 反馈阶段

八、基于以上研究制定的评价体系

（一）线上教学效果的成功因素

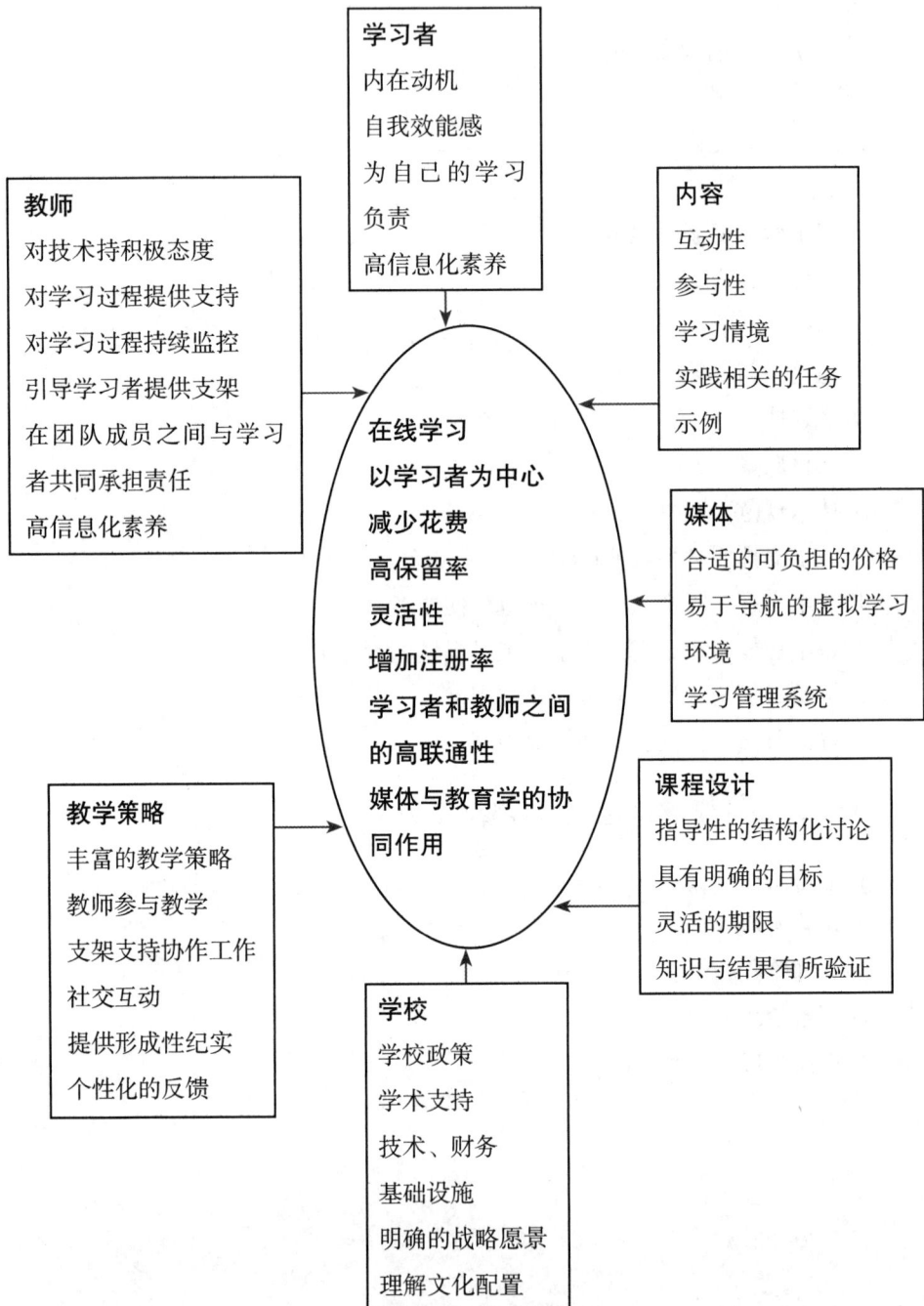

学习者
内在动机
自我效能感
为自己的学习
负责
高信息化素养

教师
对技术持积极态度
对学习过程提供支持
对学习过程持续监控
引导学习者提供支架
在团队成员之间与学习
者共同承担责任
高信息化素养

内容
互动性
参与性
学习情境
实践相关的任务
示例

在线学习
以学习者为中心
减少花费
高保留率
灵活性
增加注册率
学习者和教师之间
的高联通性
媒体与教育学的协
同作用

媒体
合适的可负担的价格
易于导航的虚拟学习
环境
学习管理系统

教学策略
丰富的教学策略
教师参与教学
支架支持协作工作
社交互动
提供形成性纪实
个性化的反馈

课程设计
指导性的结构化讨论
具有明确的目标
灵活的期限
知识与结果有所验证

学校
学校政策
学术支持
技术、财务
基础设施
明确的战略愿景
理解文化配置

（二）线上学习平台的评价指标

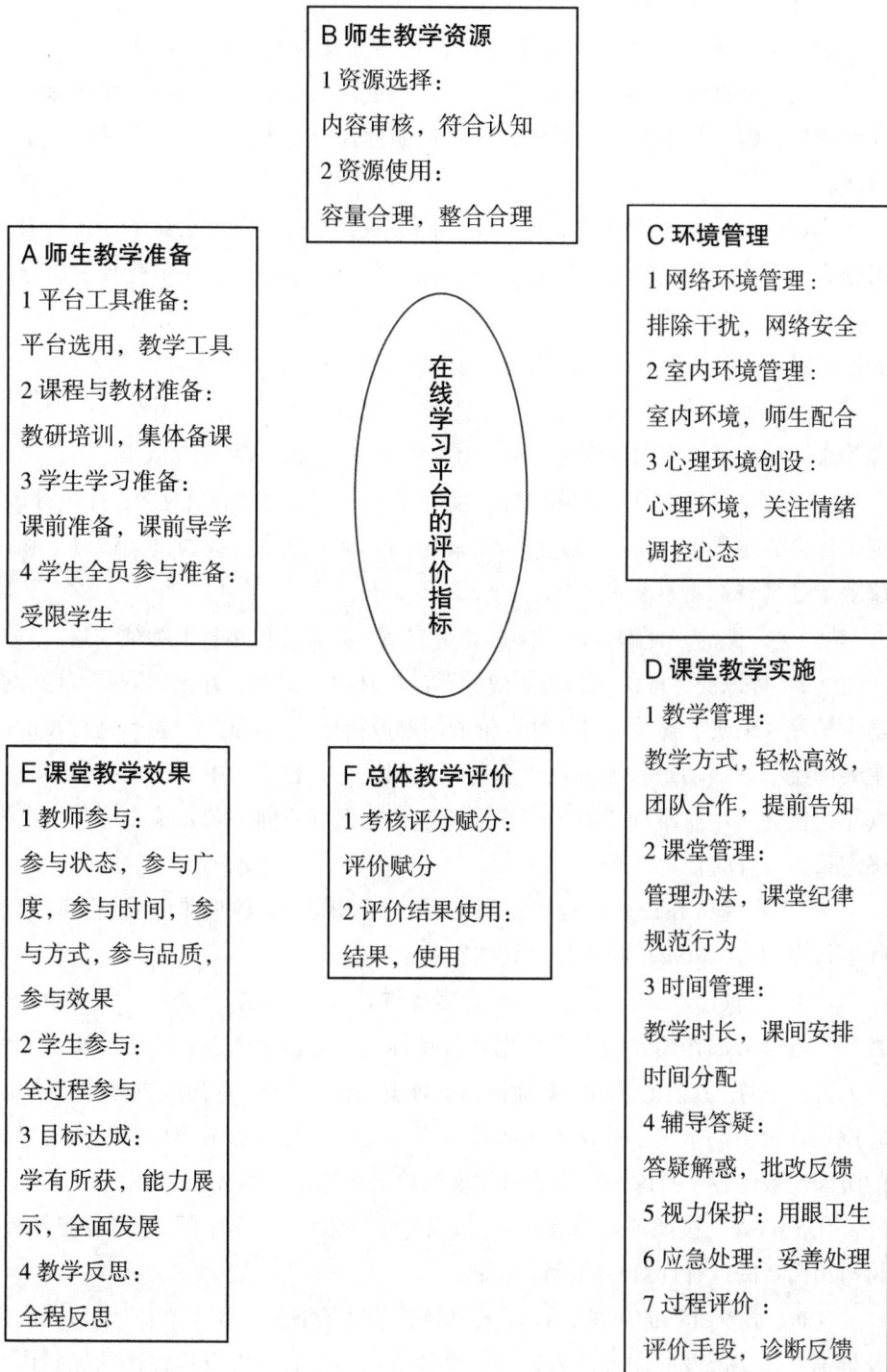

B 师生教学资源

1 资源选择：

内容审核，符合认知

2 资源使用：

容量合理，整合合理

A 师生教学准备

1 平台工具准备：

平台选用，教学工具

2 课程与教材准备：

教研培训，集体备课

3 学生学习准备：

课前准备，课前导学

4 学生全员参与准备：

受限学生

在线学习平台的评价指标

C 环境管理

1 网络环境管理：

排除干扰，网络安全

2 室内环境管理：

室内环境，师生配合

3 心理环境创设：

心理环境，关注情绪

调控心态

D 课堂教学实施

1 教学管理：

教学方式，轻松高效，

团队合作，提前告知

2 课堂管理：

管理办法，课堂纪律

规范行为

3 时间管理：

教学时长，课间安排

时间分配

4 辅导答疑：

答疑解惑，批改反馈

5 视力保护：用眼卫生

6 应急处理：妥善处理

7 过程评价：

评价手段，诊断反馈

E 课堂教学效果

1 教师参与：

参与状态，参与广

度，参与时间，参

与方式，参与品质，

参与效果

2 学生参与：

全过程参与

3 目标达成：

学有所获，能力展

示，全面发展

4 教学反思：

全程反思

F 总体教学评价

1 考核评分赋分：

评价赋分

2 评价结果使用：

结果，使用

（三）线上教学效果的评价指标细则

1. 评价表的使用操作说明

制订本课堂教学评价方案的目的，是为任课教师、教学管理人员、教学研究人员实施课堂教学评价提供基本依据。本评价方案主要适用于评优课等终结性评价，也是日常教学形成性评价和诊断性评价的主要参照。评价对象是一节课。

本评价方案采用定性与定量相结合的方法，用标准分数法统计评价结果，满分为100分，各二级指标评定分的累加值即为一节课的常规量化评价总分。为了鼓励在教学过程中的突出表现，"教学特色"作为常规量化评价总分之外的加分因素（不超过5分），与常规量化评价总分，为本节课评价总分。

评价等级分为A（优秀）、B（良好）、C（及格）、D（不及格）四级，各等级评价的得分范围分别是：80—100、70—79、60—69、59以下。

一人评课可根据听课实际情况，按等级评定办法给出恰当等级；多人评课，则采用多数定等法，即以多数评价者确定的等级为结果，或通过集体讨论和评议确定等级。

（1）评课前，评课人认真阅读评价方案，熟悉评价指标的特征描述。

（2）评课前，评课人初步了解课题内容和教学目标，并根据需要拟订检查学生学习效果或了解学生对教师评价的问题或指标。要求学生对教师进行评价，主要围绕教学活动是否能激发兴趣和调动积极性、教学民主、学生参与的时空满足、教会学生思维和学习、当堂掌握基本知识等方面。若是检查课，需事先确定重点检查的教学因素。

（3）评课人在评课过程中，根据评价指标做好全程听课记录，随时记录师生行为动态，以及反映不足的具体实例。

（4）与被评者进行交流，即被评者提供教案，并就教学条件、教学设计、教学实施等方面作简要说明；根据评价指标自我分析得失以及改进的构想。评课人要在平等、互惠的基础，明确指出被评者的优、缺点，提出改进方向和建议，并调控评价活动本身。被评者于听课一日内完成教学反思书面材料。学校组织的听课，被评者于听课一日内需将教学反思书面呈报校教务处。

（5）评课人按照评定等级办法，根据教学实施情况、学生问卷等，评定等级，再写出简要的、有针对性的听课感受。

（6）学校组织的听课，评课人将评价表于听课后一日内交教务处，教务处根据具体情况及时向被评者、教师群体等反馈信息，以发挥评价的导向作用和形成正确的舆论，并将评价表归档。

2. 评价要求

（1）坚持因地制宜，为学而用

线上教学质量评价标准为中小学线上教学效果的评估提供了评价参考的依据，但各学校、教师和学生个体的差异较大，受制于网络平台和技术环境的影响，线上教学的实施效度存在差异。因此，评价标准采取教师自我评价与学生评价相结合，量化评价与描述性评价相结合，坚持教师主导，以评助学，有效促进教师教的行为改进，更好地支持学生线上学习的深度开展。

（2）规范教学行为，优化手段

线上教学质量评价标准的运用，应注意引导学校、教师规范线上教学行为，优化教学组织形式，优选信息技术工具，最大化提升线上教学效果。本评价标准基于教与学的行为观察，更突出教的行为改善的评估，突出教师自我评估为主、学科评估为辅的评价定位，期望通过规范教与学的行为来引导线上教学的有序、健康发展。

（3）合理利用资源，支持学习

线上教学涉及多种网络课程资源，在线教学质量评估标准应重视教师对网络课程资源的合理选择与科学运用评估，目的是引导教师精选、优选网络课程资源，支持学生线上精准学习，为学生学习减负，有效提高课程资源使用的效率和效益。

（4）强化以评促建，把握方向

线上教学质量评价标准要发挥标准导向、诊断与激励功能，规避依据质量评价标准对学校和教师线上教学质量直接进行甄别、分等与排名。本教学质量评价标准仅作为学校、教师线上教学效果评估的参考依据，为规范教师线上教学行为，指导学生线上学习提供决策参考，为线上教学质量提升提供一个标准参照，它不是教师日常教学能力评估的唯一标准。

课堂教学是理论教学的中心环节，也是教学活动的基本形式。课堂教学应以学生为主体，教师为主导，做到目标明确、内容正确、重点突出、条理清楚、方法恰当、仪态大方、语言艺术、板书合理、联系实际、教书育人、气氛活跃、组织有序，使学生获得知识、发展智力、培养品德、提高能力，取得良好的教学效果。

表 4-6

一级	二级指标		评价要点	权重	得分（1—100）
	项目	核心要素			
A	1 平台工具准备	平台选用	1. 教师熟悉所选线上教学平台及备用平台的功能与用法，做好课前调试工作，确保教学时正常使用。	0.2	
		教学工具	2. 教师配备能够开展线上教学所必须的教学工具并熟练掌握其用法。		
			3. 在不增加家庭负担的前提下，学生有能够满足学习需求的学习工具并熟悉其用法。		
			4. 教师下载正版国家课程电子教材推送给学生，能够依据线上教学特点、学生年龄特点和学科特点等制定教学设计、学习任务单和学习效果反馈单，教学设计以课程标准为依据，突出以学生为中心，符合线上教学实际。		
	2 课程与教材准备	教研培训	5. 教师参加相关线上培训，根据学科学段的特点和学情，熟练掌握线上授课的各种教学方式。	0.1	10
			6. 教师熟悉学校线上教学工作方案，积极参与教研团队在线集体备课，认真制定切实可行的线上教学计划，有应急处理措施。		
			7. 教师熟悉各类优质教育资源使用路径、辅助教学，熟练运用录课或直播微课方式。		
		集体备课	8. 教师积极参与学校教研组、备课组集体备课，认真制定切实可行的线上教学计划，制作课件或完善教学资源，预设辅导答疑，课程内容按照"双减"要求布置，精心设计分层作业内容和检测内容，做到资源共享。	0.4	
			9. 教师应做到教案（电子教案）项目齐全，按照要求各年级各学科要努力创造条件，发挥集体备课的效用。		
			10. 集体备课的主要内容要研读课程标准，明确教学要求，安排教学进度，讨论教学重难点及教学方法等。		
			11. 备课做到"五统一"（统一进度、统一要求、统一重难点、统一习题、统一测试）。		
			12. 备课做到"八备"（备目标、备教材、备学生、备教法学法、备练习、备板书、备作业、备教具学具）。		
			13. 备课做到"四定"（定时间、定会议室、定内容、定中心发言人），教案（电子教案）应具有创新性。		
	3 学生学习准备	课前准备	14. 学生提前准备好教师提供的电子资料。	0.2	
			15. 对学生进行有效的线上学习技能与方法指导，学生掌握线上学习的基本要求。		
			16. 引导学生按照课程安排和学习任务单要求做好充分准备，调动学生线上学习的积极性。		
		课前导学	17. 导入新课自然、贴切、目的性强，能够温故知新，对本节课的内容和方式有提示作用，具有新颖性，能激发学生学习兴趣。		
			18. 课前复习或复习课，能从新的角度使学过的知识重现，做到安排合理、内容系统、重点突出，使学生有新得。复习方式新颖，形式多样。		

一级	二级指标		评价要点	权重	得分（1-100）
	项目	核心要素			
师生教学准备	4 学生全员参与准备	受限学生	19. 教师能够充分做好家校沟通工作争取家长支持，若条件允许可由家长线下监督学生的学习。	0.1	
			20. 对特殊群体、不具备线上学习条件的学生制定"一生一案""一人一策"。		
总分					
师生教学资源	B 1 资源选择	内容审核	21. 充分挖掘课程教学资源，用好网络、教材和生活资源，利于落实立德树人的根本任务。	0.4	
			22. 能够保证内容讲授与学生活动、文本与影音资源的比例合理。		
			23. 重视并能够做好教学资源的内容审核工作，确保选择的教学资源政治安全质量过关，有利于落实立德树人的根本任务。		
		符合认知	24. 所选教学资源依据课程标准，符合学生的认知水平，贴近学生实际，适当融入疫情防控、知识、生命教育、公共安全教育、心理健康教育、法制教育和使命担当的相关内容，能充分满足线上教学和学生自主学习的需要，有效地支持服务于学生发展核心素养的培养。		
	2 资源使用	容量合理	25. 资源容量合理、进度缓、难度降、零起点，教学内容科学，价值取向积极，有利于理解教学重点和难点问题。	0.2	
			26. 教师能根据课程目标与学习任务，科学规划课程时间，做好线上教学的时间管理，适当安排课间休息和运动，做好视力保护。		
		整合合理	27. 能够基于教学需要，合理整合教材配套的国家、省市教育平台、教学资源，开发线上教学。	0.4	
			28. 能够基于教学需要合理整合教材配套数字资源、名校名师网络课程等在线资源，开展线上教学。		
			29. 能够保证讲授内容与学生参与活动的资源比例合理、文本资源与影音资源的比例合理。		
			30. 能够为特殊群体学生按照"一生一案"要求设计推送资源包，帮助其顺利完成学习任务。		
总分					
环境管理	C 1 网络环境管理	排除干扰	31. 关闭与教学无关的私人通信应用软件和网页，确保平台稳定流畅。	0.4	
			32. 影音清晰，重视并能够排除影响线上教学的各种干扰因素。		
		网络安全	33. 线上教学过程无不良信息，不涉及敏感话题，确保网络安全、线上教学环境干净积极。		
			34. 教师全面学习并掌握"防破"技巧，根据网课的技术条件和具体情况制定线上上课的纪律。		

一级	二级指标		评价要点	权重	得分（1-100）
	项目	核心要素			
环境管理	2 室内环境管理	室内环境	35. 教师能够保证线上教学时室内环境整洁安静。	0.3	
			36. 教师能够保证线上教学时室内环境整洁安静，光线充足，背景雅致。		
		师生配合	37. 注重师生配合，在教学过程中，教师不做与教学无关的事情，学生听课状态好。		
	3 心理环境创设	心理环境	38. 教师能够把握学生线上学习心理，以自身良好的精神状态帮助学生营造和谐、安全、积极的线上学习心理环境。	0.1	
		关注情绪	39. 教师能够根据教学实际需求，设计多种生动活泼的教学方式，缓解学生紧张焦虑的情绪，强化学生的注意力，调动学生学习的积极主动性。	0.1	
		调控心态	40. 教师能够密切关注学生学习状态和心理状态，适时采取有效的调控手段，保障学生身心健康、有效学习。	0.1	
总分					
课堂教学实施	D 1 教学管理	教学方式	41. 突出教师引导、学生自主学习、互动交流、合作探究的教学模式，达到高效完成课堂目标、培养学生自主学习能力的目的。	0.2	
			42. 能够运用目标导学、问题引领等方式，有效实施教学，教学目标清晰合理。		
			43. 能够重视目标导学，教学目标清晰合理，符合学科核心素养要求与课程标准。		
			44. 能够运用任务驱动，学习任务具有科学性、趣味性和挑战性，指向教学目标的达成，学生的高阶思维。		
			45. 能够以问题引领，问题具有逻辑性、层次性、开放性和迁移性。		
			46. 能够关注学生的认知水平和个体差异，重视个性化助学，对于学困生和特殊群体的学生给予有效的辅导和帮助。		
		轻松高效	47. 教师要结合实际科学安排授课速度，练习基础内容，不拔高，在课堂教学中能兼顾到不同层次学生，杜绝教师课上一言堂；鼓励关爱学生，营造和谐的师生互动氛围。	0.2	
			48. 学习任务具有科学性、趣味性和挑战性，问题设计具有逻辑性、层次性、开放性和迁移性，能够提升学生的思维能力。		
			49. 在"停课不停学"特殊时期，要充分引导教师认识在线教学这种新方式的要素、特征与价值取向，引导教师不要将在线课堂变成线下课堂教学的直接"搬家"，更不能将在线教学变成"满堂灌"的课堂讲授。		
			50. 学校要引导教师减少授课容量，提高学习效率，要精讲，抓住教学重难点。教师要提高线上教学设计质量，做到"三讲三不讲"。		

续表

一级	二级指标		评价要点	权重	得分（1-100）
	项目	核心要素			
课堂教学实施	1 教学管理	团队合作	51. 提倡"师生互动合作探究教学模式"和"分层教学"模式，鼓励学生能够采用团队合作等方式自主完成相关学习内容，做到"优生吃饱、中等生吃好、学困生消化了"。	0.05	
			52. 利用多种手段进行积极有效的教学互动；组织学生做好线上签到、测验、讨论、答疑。		
		作业管理	53. 作业的内容和形式设计多元，既注重培养学生的自主能力，也注重学生间的合作探究。	0.2	
			54. 作业要依据每节课的特点，做到精心设计，规范合理、数量适中、着眼全体、确保实效。		
			55. 优等生可布置拓展性的、实践性作业；学困生的作业坚持"低起点、小步走"原则，适当降低作业难度。		
			56. 教师应及时检查、批改学生的作业，及时了解学生对所学知识的理解和巩固程度以及实践中运用知识的能力。		
			57. 学校每学期应至少进行两次作业检查，有评价、有反馈、有记录。		
			58. 做到"三凡是"：凡是布置学生做的作业，教师必须先做；凡是学生作业，教师自觉做好批改记录，让批改更有针对性，禁止让家长或其他人替代批阅作业；凡是订正作业，必须做批阅，尽量做到当日作业当日批阅，批改推荐后要有反馈性建议。	0.2	
			59. 要按照"双减""六项管理要求"统筹学生作业量。		
		提前告知	60. 要将教育行政部门、教研部门相关要求和学校"作息时间表""线上教学课程表"等具体安排及时告知学生和家长。		
	2 课堂管理	管理办法	61. 要有学生观看"空中课堂"等教学资源、观看录播课、参与直播课、辅导答疑课的管理办法，确保全员参与。	0.1	
		课堂纪律	62. 要有班主任或者值班教师的过程性监督管理，保障课堂纪律，不影响教学效果。防止意外事情、耽搁授课进度。避免为了强调课堂纪律或其他注意事项，在宝贵的教学时间内讲述与教学无关的内容。		
		规范行为	63. 教师在授课过程中要很好地控制情绪，避免急躁、耐心不够。		
			64. 要规范教学语言，要保护学生自尊心，调动学生积极性，提高参与度。		
	3 时间管理	教学时长	65. 能够按照要求做好线上教学的时间管理，学习资源推送到位，教学活动设计、课件制作等符合网上教学特点，线上教学准时足时。	0.05	
		课间安排	66. 增大课间休息间隔，课间休息可安排音乐欣赏，体育锻炼和家务劳动等活动。		

续表

一级	二级指标		评价要点	权重	得分（1~100）
	项目	核心要素			
课堂教学实施	3 时间管理	时间分配	67. 讲授、练习、辅导等环节的时间分配合理，教学节奏紧凑有序。	0.05	
	4 辅导答疑	答疑解惑	68. 教师能够选择合适的方法手段适时对学生的学习困惑进行共性问题解答和个性辅导，学生理解接受效果良好。	0.05	
		批改反馈	69. 教师能够运用信息技术手段认真查阅和分析学生的回应，及时批改学生的作业，并做出反馈、讲评。		
	5 视力保护	用眼卫生	70. 教师能够经常提醒学生注意用眼卫生，每天组织学生至少做两次眼保健操。每节课课间远眺护眼。	0.05	
	6 应急处理	妥善处理	71. 教师能够对教学突发的各种应急事件及时做出妥善处理，及时锁定会议室，确保不影响正常教学秩序。	0.05	
	7 过程评价	评价手段	72. 教师能够灵活运用线上软件评价手段促进学生学习。	0.05	
		诊断反馈	73. 教师能实时监测学生的学习状态，及时对学生学习效果进行诊断反馈。		
总分					
E 课堂教学效果	1 教师参与	参与状态	74. 教学内容：对概念原理讲解清晰，突出重点、分解难点到位，无学术性错误。	0.5	
			75. 教学方法：教学模式体现学科特点，独特新颖，教学策略使用得当。		
			76. 课堂气氛：调控课堂能力强，生动有趣，调动学生积极向上，情绪饱满、热情、有亲和力。		
			77. 教学语言：流畅，表达准确、有激励性和启发性，通俗易懂，普通话准确，吐字清晰。		
			78. 板书设计：能体现突出重点，分解难点，设计合理，能提纲挈领反映教学内容，字体规范，清晰美观，布局合理。		
			79. 教学效果：完成目标，信息量大，学有收获。		
			80. 教学创新：教学方法和教学设计有独到之处，且效果好。		
			81. 教学平台：流畅，熟练，切换自如，灵活多样。		
			82. 教学课件：教学多媒体课件设计和运用恰到好处。		
			83. 教师以饱满而稳定的情感，通过教态、语言、内容、媒体、评价等激发学生浓厚的学习兴趣及高涨的学习热情。		
			84. 教师能运用各种手段使学生保持良好的注意状态。		

一级	二级指标		评价要点	权重	得分（1-100）
	项目	核心要素			
课堂教学效果	1 教师参与	参与状态	85. 教师对全体学生怀有热切的期待，能激发学生的自信心、进取心及较高的学业成就欲望。师生间民主、平等、情感双向交流，达到教学共振。	0.5	
			86. 重视学生的家国情怀、社会责任感、科学素养培养，有效提升学生的自我管理能力。		
		参与广度	87. 教师设置问题注意到教学过程的阶段性，学生举手答题率高（达到80%以上）。	0.05	
			88. 教师的问题设置注意到学生的层次性，并能适时关注不善于发言的学生。（后进生举手答题率占全体答题率的60%以上）		
			89. 学生在小组活动中的参与率达到95%以上。		
		参与时间	90. 教师善于创设教学情境，学生自主活动时间不少于60%。	0.05	
			91. 教师为学生提供充分展示的机会。		
		参与方式	92. 教师善于为学生创设多种有效的成功机会、自主选择机会。参与方式多样。	0.05	
			93. 教师善于创设问题情境，为学生提供独立思考的机会，训练学生的思维能力。		
			94. 教师善于根据教学内容、教学任务运用多媒体、教具等激发学生主动参与。		
		参与品质	95. 学生善于倾听、理解他人发言，并能及时抓住要点。	0.05	
			96. 教师有较强的交往能力，善于与学生沟通，能指导学生在集体讨论或小组活动中有效地与他人交往和讨论。		
			97. 学生普遍具有问题意识，敢于质疑问难，发表不同见解。		
			98. 学生普遍具有较强的动手能力。		
		参与效果	99. 通过努力95%以上的学生达到合格的教学目标。	0.1	
			100. 通过努力75%以上的学生达到优秀的教学目标。		
			101. 教师要结合学科教学进行学法指导，教会学生学习。		
			102. 学生能有效利用教师讲授和推送的学习资源，较好地掌握所学知识，养成良好的学习习惯，提高自主学习能力，目标达成度高。		
	2 学生参与	全过程参与	103. 学生能够以多种方式全员、全过程参与，能提出体现学科思维的创造性或反思性问题，并发表个人见解。	0.3	

续表

一级	二级指标		评价要点	权重	得分 (1-100)
	项目	核心要素			
课堂教学效果	3 目标达成	学有所获	104. 学生较好掌握所学知识和技能，每名学生都有收获。	0.3	
		能力展示	105. 学生信息获取能力和自我管理能力得到提高，自主学习意识增强，掌握自主学习方法。		
		全面发展	106. 学生家国情怀、社会责任感、科学素养和自我管理能力得到培养。		
	4 教学反思	全程反思	107. 教师能够以学习效果反馈单等方式主动征求学生和家长的意见，及时进行教学反思，客观分析存在的不足并提出有效的解决策略。		
			108. 每节课要有教学反思，对反思问题要有改进措施。学校每学期应至少进行两次教案抽查，做到有检查、有评价、有反馈、有记录。		
总分					
总体教学评价	F 1 考核评分赋分	评价赋分	109. 使用评价细则，通过巡课，课件、作业、集体备课、抽测等常规检查形式，对每节课、每名教师或每个学科、每个学年组进行评价赋分，结果使用，结合校情，设定评价结果使用方案。	0.4	
	2 评价结果使用	结果	110. 通过抽查教案（或电子教案纸质版）、学生作业、听课笔记、作业批改检查记录、备课过程材料、课程安排表、作息时间表、任课教师一览表、随机听课、与教师学生座谈等方式，检查线上学校常规教学管理工作落实情况。	0.4	
		使用	111. 线上监督实现当堂达标检测落实"堂堂清"，通过生生盯背、师生盯练等措施落实"日日清"，通过周清卷、查缺补漏落实"周周清"，通过质量检测、质量分析、查缺补漏落实"月月清"的目的。	0.3	
总分					0

项目名称	A 师生教学准备	B 师生教学资源	C 环境管理	D 课堂教学实施	E 课堂教学效果	F 总体教学评价
得分	95	93	96	98	97	99
权重	0.1	0.1	0.05	0.4	0.3	0.05
总分						96.85

第五章 线上教学策略的研究实践

第一节 教学策略的基本要素

一、什么是教学策略

"策略"最早见于军事领域，后应用于教育。一般来说，教学策略是为达到某种教学目的使用的手段和方法。在此意义上，教学策略同义于教学方法。但从广义上讲，教学策略不仅用来表示为达到某种教学目的而使用的手段或方法，而且还用来指教学活动的序列计划和师生间连续的有实在内容的交流技巧、艺术。它的内涵较为广泛。教学方法这一概念就侧重在指教学过程的横向结构，指教师的教、学生的学以及教材等教学构成要素之间相互作用的稳定的组合方式，它的实质就是具体处理教与学的关系问题。

教学策略包含多个方面的含义，包括目标的设立、媒体的选择、方法的确立、活动的组织、反馈的方法、成绩的评定等等。所以，从系统的观点我们可以看出，教学策略是指以一定的教育思想为指导，在特定的教学情境中，为实现教学目标而制定并在实施过程中不断调适、优化，以使教学效果趋于最佳的系统决策与设计。

二、教学策略的特征

（一）目的性和适用性

目的性是指教学策略对于实现教学目的的适合与有效程度；适用性是指教学策略对于教学内容、教学主体、教学过程及其规律的契合与适合程度。随着教学改革，新的教学活动产生了新的教学策略。例如小学识字教学就有分散识字、集中识字、注音识字、部件识字等多种教学策略。教学策略的适用程度取决于其反映教学过程规律的程度，取决于它遵循正确的教学原则要求的程度。

（二）共性化与个性化

教学策略要遵循教学规律、符合教学的共性。教学要素是教师、学生、教学内容、教学方法和教学环境。不同的教师、不同的学生、不同的教学内容、不同的教学方法、不同的教学环境都会影响教学策略的选择。所以，我们难以发现完全一模一样的教学实践过程。每个教师都能在学习、借鉴、加工、吸收他人经验的基础上结合所处环境，发展和创造出带有鲜明个性化色彩的教学策略。例如李吉林的情境教学就是在借鉴外语情境教学的同时，结合中国小学语文教学实际以及自己的教育教学思想，吸收中国古典文论中"境界"学说进行的创造性的改造、加工，从而形成的自己"独特"风格的教学策略。

（三）稳定性与灵活性

教学策略一旦制定，即具有相对稳定性。但在实施过程中，教学的多变因素需要教学策略的不断调节来适应其变化，以求能更好地达到教学目标。

（四）思想性与技巧性

教学策略首先是在一定的教育思想、教学理念的指导下转化为方式、程序、手段等具体行为来体现的。所以说，教学观念是教学策略的前提和方向，而教学技巧是更好地达到教学目标的保证和"推进器"。只有教学技巧的设计没有教学理念的指导，教学就会迷失方向；只有教学理念的支撑没有教学技巧的配合，教学就会剩下空洞的躯干，成为一具"僵尸"。

三、教学策略的四个基本因素

（一）指导思想

不同的教育思想、教学理念的指导，就会产生不同的教学策略。例如，灌输式和启发式等教学策略就基于不同的指导思想。

（二）实施程序

教学策略是针对一定教学目标而组织的程序化设计，虽然没有定式，但不管如何都得考虑怎样合理安排程序促进以下几个方面的转化。

1.把他人的知识转化为学生自己的知识

2.把凝聚于知识中的智力活动方式转化为个体的认知能力

3.把蕴含于知识经验中的思想道德观念转化为个体的思想品德

（三）行为技术

制定出明确、易行的操作要领是实施教学策略的有效保证。

（四）效用评价

通过评价，可以检测、调节甚至校正教学策略实施的结果和途径。评价标准在于它与教学目标的一致性、与教学对象的沟通性、与教学情境的协调性、与教学过程的同步性等。

四、教学策略的六个方面

（一）教学准备策略

包括教学目标的叙写、教学材料的处理、组织形式的设计等。

（二）教学行为策略

包括呈示行为策略(如讲述行为、板书行为、声像呈示行为、动作呈示行为)、教学对话策略(如问答行为、讨论行为)、指导行为策略(如练习指导、阅读指导、活动指导)等。

（三）辅助行为策略

包括学习动机的培养与激发、课堂交流的有效组织、课堂强化技术的运用、积极的教师期望等。

（四）管理行为策略

包括常规的建设、问题行为的调控、管理模式的设计、时空管理等。

（五）教学评价策略

包括诊断性评价、形成性评价、终结性评价等。

（六）指导学习策略

包括简单的复述策略、复杂的复述策略、简单的精致化策略、复杂的精致化策略、简单的组织化策略、复杂的组织化策略、综合性的策略。

第二节　在线教学策略与实施原则

线上教学与面对面教学、混合式教学有所不同，其所有的教学活动都是在线完成，且几乎所有操作行为都可以记录、储存并留下证据。线上教学不受时空限制，文本、课件、视音频等多种资源类型并存，精品资源共享课、中国大学 MOOC（慕课）等互联网资源更是应有尽有。但远程在线学习中的学生因缺乏临场感而容易产生懈怠、迷航和应付差事等现象，进而导致学生在线率低、在线教学质量低下等问题的出现，由此也在无形之中增加了教师的教学管理难度。掌握在线教学设计与实施的八项原则，可以充分发挥在线教学的优势，保障并提升在线教学的质量。

一、线上课程，设计先行

线上教学实施前，应根据课程性质和特点等，进行包括教学目标、教学内容、教学方法、活动项目及评价标准、课程资源、课程学业评价等的整体设计。

二、以评促学，全面考虑

教学设计不仅要对课程本身进行设计，还应与课程学业评价统筹考虑——制订课程学业评价方案，设计评价任务和评价标准。以评促学是贯彻课程教学理念、落实教学目标和完成教学任务的重要环节。

三、课程资源，样样齐全

课程资源应尽可能地丰富多样，文本、课件、视音频种类多样，精品资源共享课、中国大学 MOOC（慕课）等网络优质资源充分利用，兼收并蓄。

四、渠道多样，平台重要

借助 QQ、微信、邮箱等社交软件，可以与学生建立多种线上交流渠道，但单一的社交软件很难完全满足学生的学习需要。搭建学习平台则可为学生提供一个线上的"学习之家"。教师通过平台页面的精心设计、学习导航及学习支架的搭建等，使学生获得临场感，增强课程的吸引力和持续力。同时，学习平台也为教师组织网络教学、学生提交作业、记录储存学习行为数据和实施多元评价等提供了便利。

五、学习契约，人人有责

与面对面教学相比，线上教学对学生的自主学习能力、自我监控能力及自律能力的要求更高。签订学习契约，明确教师、学生的职责和义务，有利于增强学生学习的主人翁意识和责任感；杜绝抄袭和剽窃，尊重他人成果，按时提交作业，积极参与讨论等内容的提前约定，也有利于规范学习行为，提高到课率和在线学习质量。

六、小组合作，你说我说

线上教学不能仅停留在观看视频、浏览资源的层面，需要将学生分组并设计一系列的小组活动，如集体讨论、协作学习、作品展示与评价等。小组合作既能激发学生个体的学习积极性，获得同伴认可、帮助或赞许，也能培养学生的合作意识和协作能力，使学生体验到团队学习的温馨，激发集体的学习智慧，提高线上学习的品质。

七、教学活动，动中有静

线上教学应摒弃华而不实的浅层学习，避免频繁地交互和过度活动。应为学生留余思考的时间和空间，通过布置思考题、大作业、自主学习源等方式，促进学生的知识理解和系统化的深度学习。

八、多元评价，证据说话

评价与学习并行是提高学生线上学习质量最直接、最有效的方式。为保证评价的相对客观性和一致性，应采用包括多元主体评价、多维内容评价、多种方式评价的多元评价形式，并科学制订评价标准或评价量规来为实施评价提供依据。评价量规应尽量具体、明晰、有操作性，尽可能使用数据，用证据说话，使评价结果更具公信力。

第三节　在线教学策略与实施建议

一、网课时代的高辍学率

果壳慕课学院在 Coursera、清华大学在线教育办公室等机构支持下，对遍布全球的 6116 名华人网友进行了问卷调查，发布了全球首份针对中文用户的慕课调查。调查显示，只有 6% 的用户完成了所有选课，15% 的用户完成了部分课程，大部分用户都没有办法完成所有课程，甚至有 67% 的用户连一门课程都没有完成。在慕课的发源地美国，被国外媒体广泛引用的一个数据是，90% 的学生没有完成相应的慕课课程。宾夕法尼亚大学对本校在线教育情况的研究结果证实，属于"辍学率"范畴的比例高达 96%，其中也有因为美国大学对课程完成度要求更高的原因。

目前来说，国内的线上教育平台在学生课程的完成率上如果能够达到 60：1，就属于比较理想和成功的平台了。针对高辍学率的问题，网络上已经出现有很多的相关分析，主要集中在以下几个方面。

（一）好奇心减弱

好奇心是人类的本能，但是并不意味着好奇心一定是能够有用的。大部分注册慕课的学员纯属好奇，于是点击一门课进去初步了解一下，之后就再也看不到人了。

（二）成就感不足

人的成就感来源于两个方面，包括精神上的满足和功利性的收获，在慕课模式中体现为各种证书。但是对于一部分人而言，证书给人的成就感不足，从而失去了继续学习的动力。

（三）认同感有限

尤其是在国内，网络教育证书的质量基本上没有企业愿意认可，作为个人学习的一个侧面证明，体现学习者的学习能力倒是可以，但是整体而言被认同感太弱。

（四）课程的拖沓

大部分慕课课程完成的时间需要三个月，甚至更长。对于一些耐心有限的学习者而言，那种时间很长的课程是难以忍受的，最主要的是没有传统教育的限制，学习者很轻易就放弃了课程。

（五）教师的因素

与教师相关的方面主要集中于教师讲课的方式、口音以及水平，作为线上教育的授课者，教师的相关因素对于学生的影响十分直观。

（六）学生的因素

在诸多原因之中，学生个人主观情绪的影响是第一位的，其中最为突出的是懒惰性。对于有特别限制的课程而言，对学员学习自主性的要求就相当高，尤其对于不是高校学生的学习者。

（七）学习的时间

慕课课程要求的时间较长，同时一周内听课的次数也较多，尽管每次课程的时间不长，但对于一部分学习者而言，很可能在听了课之后就没有额外的时间去完成相关的课程了。

（八）学习的内容

学习的内容与传统教育中存在的问题一致，会出现内容太简单，学习者基本都会,觉得听课是在浪费时间，或者内容太难,学习者上课听不懂，作业不会做，也觉得是在浪费时间。

（九）学习的矛盾

慕课所要求的系统化学习与网络时代教育碎片化趋势之间的矛盾日益突出。其中，网络教育碎片化包括知识碎片化、时间碎片化和学习碎片化，与慕课要求学习的完整性和系统性存在不可协调的矛盾。

（十）学习的更新

网络时代的知识更新速度很快，慕课由于制作过程相对复杂，成本也较高，尽管与传统教育相比，其内容更新已经很快，但是往往跟不上知识更新的速度，这也让部分学习者对它失了兴趣。

二、研究中发现的问题

线上教学改变了师生面对面授课的传统教学模式，由原来的教学辅助地位一跃而成为学校教学的主要方式，目前，对于教师来说，开展线上教学已经是一种常态化的教学形态，虽然线上教学本身具有传统教学无法比拟的优势，但在几年来的实施过程中依然暴露出一些问题。据调查，目前大多数线上教学还只停留在依托和利用网络平台进行传统教学的初级阶段。在教学实施过程中，教师们缺乏针对线上教学本质和特点的深入研究，更没有充分挖掘网络教学平台的功能和优势，导致线上教学很难达到预期的教学效果。

（一）教师对线上教学缺乏科学的认知，存在将传统课堂简单移植的"形式主义"

调查过程中发现，教师缺乏对线上教学的科学认知与解读，将其简单理解为线下课堂教学的替代。大部分教师在线上教学中所采用的授课进度、内容、方式方法与线下没有丝毫差别。很多教师都固有地认为，只有完全依照原有线下课程的教学进度和课堂既定环节完成授课任务，才是线上教学的最佳选择。线上教学过程从头到尾延续的依然是传递与讲授型的教学思路。这其实是将学校传统课堂生搬硬套到网上，是对原有课堂教学简单的"形式主义"移植，忽视对线上教学形式之外的深度挖掘和对标研究，没有考虑到线上课程与线下课程本质上的不同，更加缺乏对线上课程教学内容、课程结构及模式方法在网络环境下的重新设计和有机融合。虽然绝大多数教师已明确生活化教学的重要性，但未能做到及时转变教学观念，没有理解生活化教学的实质及其在高中化学教学过程中的应用，只是在教学中机械死板地引入生活化案例，不能将知识与生活有机联系起来。开展线上教学时发现，很少有学生能主动观察学习、阅读研究，这不利于学生自我建构能力的培养。

（二）忽视对在线学习氛围的创设，线上课堂缺乏师生的情感交互

目前，在线上教学的师生交互活动上，普遍存在着教师与学生的零交互现象，学生面对电脑或手机屏幕中教师小小的头像和课件页面，很难有积极的学习情感参与，导致线上教学出现了教师唱"独角戏"的尴尬局面。譬如钉钉平

台提供的教学直播，虽有交互面板可供交互功能，但每节课师生互动的次数却屈指可数，即便有互动也只是教师们提问，学生利用交互面板去回答，几乎所有的教师都只注重学科知识的传授，而忽略了师生交互的共情与共鸣，教师对学生的学习状态缺乏适时的关注，完全忽视了传播学理论中情感教育对传播效能的影响。在生活化教学时，部分教师仍以自我讲述为主，忽视了学生的主体地位。

（三）学生对线上学习的排斥性增强，主动学习的意志和积极性逐步下降

线上学习的最大特点是人机交互、独立空间与自主学习，十几年的校园学习生活使学生们早已适应了坐在大班教室里接受知识传授的日常，突然更改为独立性较大的线上自主学习，大多数学生都存在着潜在的、不安的心理现象。长期单独面对电脑和手机，失去了真实的学习氛围和学习伙伴，学生们在心理上会不知不觉产生排斥，进而出现不同程度的焦虑和烦躁。由于线上学习的这种独立性和自主性所引发的不安感，时间一长必定会转换成消极、迷茫和懈怠，最终可能出现由环境带来的学习意志降低和抑郁情绪，导致学生线上学习能力逐步下降，学习热情和积极性逐渐丧失。当前大多数高中生是独生子女，父母对他们过于溺爱，导致他们的自我控制力和逻辑思维能力严重不足，在学习化学时不能有效地迁移和建构化学知识，逐渐失去学习的兴趣，化学核心素养难以得到发展。

同时，学生理解知识困难，也会失去学习兴趣和主动性。新课标指出，高中化学教学要以学生为主体，让学生做学习的主人。但目前学生学习化学的情况并不乐观。在线上教学中，由于高中化学实用性很强，概念相对抽象，知识相对复杂，学生学习时很难完全理解抽象的知识和复杂的方程式，学习压力较大。高中生正处于青春期，性格较为叛逆，易产生逆反心理，教师在教学时采用学生反感的"题海战术"，导致学生主观上厌恶化学，难以及时吸收和转化知识。

（四）线上教学中的教学监督与管理职能弱化

作为一种教学新兴形态，线上教学管理确实给管理者带来了不小的难题。从现存的教学管理制度来看，线上教学管理机制几乎是一片空白，从零开始。由于线上教学，师生处于准分离的状态，使得线上教学的过程管理难度加大。管理部门对课程的教学执行情况、学生到课情况、课堂学习情况和课后反馈情况均无法做到全方位的实时监控和管理，不仅学校教学管理部门缺乏有效的监管措施，即便是具备多年成熟教学经验的教师也会感觉无从下手，总觉得学生处于一种看不见、摸不着的状态。很多教师面对线上学生软弱涣散的学习状态

感到无力又无助，进而出现畏难心理，导致最终失去了教学监督与管理的角色与职能。

（五）学习的干扰性和随意性增大，易受外部因素影响

线上教学的学习环境独立且开放，对学习者的自律性要求很高。对于主动性强的学生来说，这种便捷性和随意性可以帮助他们高效地混合学习，并随时随地开展移动学习。但对于一些自律性较差的学生来说，缺点就显而易见了。调研中发现：有的学生家里人多嘈杂，有的学生一边打游戏一边上老师的直播课，由于缺乏监管，更有甚者找人冒名替课，或直接将设备挂到网上而学生本人一去无踪，还有个别家长会在学生上课时突然闯进镜头，询问其要不要吃东西休息一下，这种干扰性和随意性大大削弱了在线课堂的教学效果。

（六）线上教学评价与反馈滞后，学习认知易出现偏差，学习结果差异较大

在线上教学的授课过程中，因受到远程交互平台直播功能的限制，教师无法做到全面了解、即时反馈并予以纠正，所以学生对课程知识点的学习易出现认知偏差，尤其是直播过程中出现的理解歧义和偏差。当学生的学业困境积累到一定程度时，主动学习的参与度就会越来越低，继而影响个体学习的进度，无法保持可持续学习的心理动因，从而导致实际学习进度与预期学习结果的持续偏离，最终失去继续学习的动力和可能性。据调查，目前的线上教学中教师对学生的日常学习普遍缺乏适时的关注与引导，阶段性教学评价方式单一，反馈修正不足，除辅导答疑之外，教师对学生的认知障碍缺乏及时了解和有效解决的路径，最终导致学习无法达到一个预期的理想状态。特别是对化学教学资源的整合不利，教学评价体系单一。以成绩为主的单一教学评价体系使教师在教学过程中重心偏移，陷入"成绩为先"的死循环，在教学评价时以教师为主体主观臆断，不利于化学评价体系的建构和平衡。

（七）教师的媒介素养普遍较低，技术能量储备不足

在以往的教学中，教师只需具备高水平的专业理论素养，掌握科学的教育教学原理，就能灵活应对各种各样的教学挑战。但线上教学要求较高，它要求教师必须具备较高水平的现代媒介素养，具备熟练开展信息化教育应用的新理念和新手段，能够灵活操作和使用各种网络技术功能平台，掌握各类线上教学软件的有效运行方法，并在教学过程中随时予以切换和整合。事实上，很多专业教师都缺乏最基本的信息技术基础，达到信息技术与学科教学的深度融合很难，对于网络新媒体的应用及各类新型软件更是知之甚少，无法更好地满足有效开展线上教学的任务需求。

（八）针对线上教学特点改进式方法不够及时

对于理科教师而言，课堂板书是必不可少的环节，有些学校手写板没有配备条件，导致教师使用画笔板书不规范，不工整，不美观，界面小，混乱，吸引学生专注力和兴趣的程度降低。在应试教育下，大多数高中为提高升学率，把提高学生化学成绩作为主要目标，对化学教学资源的投入和利用较少，减少了学生动手实验的次数，或将其改为教师演示实验或视频演示实验。化学是一门以实验为主的学科，化学实验对于知识的理解和吸收尤为重要，仅仅纸上谈兵，学生很难消化抽象的化学知识，严重影响了化学教学的质量和效果。

三、在线教学中形成性评价的策略

停课不停学，居家开展线上教学，教师和学生，学生和学生之间，完全处于一种彼此隔离的状态。在这样的情况下，教师没有办法像以往在传统教室里那样，对学生的学习情况有一个更加清晰的了解和把握。所以，在居家线上教学期间，教师同仁普遍有一种强烈的"失控感"以及由此产生的"焦虑感"，心里始终没底，不知道自己的学生到底掌握得怎样。

（一）对背景知识进行摸底

线上教学中，教师对于课程内容相关的背景知识和先前知识进行摸底，了解学生的掌握情况，帮助学生把先前知识、背景知识与课程内容之间建立联系，也方便教师确立学生的最近发展区，随时调整自己的教学计划。

教师可以在直播（同步教学）之前，在课程平台上完成这个形成性评价。这样的形成性评价可以是开放式的题目，也可以是2—3道简单的选择题，也可以是一个小测验的形式。题目数量少，学生负担较轻，但是可以快速地帮助教师了解学生。

（二）错误概念和误解辨析

通过对背景知识的摸底以及学生在直播（同步）教学之前，在异步学习中的表现，教师能够发现学生存在的一些错误理解和错误的概念。对于那些常见的和可以预见的误解（有经验的教师知道哪里有坑），教师可以通过正误判断类题目，让学生选择，问他们是否同意或不同意这种说法和判断，并解释原因，说出为什么。由此来强化和辨析容易混淆的概念。

（三）用好线上论坛

线上教学能够使得教师对学生的讨论情况进行更加深入地分析，这是比传统课堂教学更迷人的地方。

教师要通过各种不同的策略、手段和方法，鼓励学生在课程平台的线上论坛中进行讨论，并要亲自参与到论坛讨论之中，做好协调，激发学生相互头脑风暴同侪学习的潜力。

（四）疑难点排查

通过疑难点排查，发现学生在学习过程中遇到的问题，并提供及时的帮助。在教学中，教师可以要求学生花几分钟时间写下课程、讲座或阅读过程中最困难或最困惑的部分，以此快速了解学生的掌握情况。

教师也可以在直播教学结尾，留出几分钟时间，让学生反馈，在这节课中，他们觉得最困难的地方在哪里？

（五）用好随堂练习测验

在教学中，通过随堂练习和随堂测验，教师可以激发学生自我反思，鼓励和促进学生主动练习。如果教师教学过程中，在适当的时机，以适当的方式展开，可以收到良好的效果。比如，在讲完一个公式定理，或者一个新的概念之后，或者讲解完一个新的解题方法之后，可以紧接着开展随堂练习和随堂测验。

（六）用好投票表决功能

在传统课堂教学中，教师使用投票器（Clicker）之类的硬件工具或者是智能卡、学生手里的移动终端，可以运用好投票和表决的功能，不但可以提升课堂教学的参与度，而且还可以随时通过投票表决来掌握学生的领会与理解情况。

在线上教学中，教师也可以采用平台功能附带的答题器，实现投票和表决。甚至，在自己的线上教学和直播讲座中，有时会利用直播教室的"消息"或"聊天室"功能，实现互动，了解听众的状态。

（七）在点播视频中植入测验题

这种方式在线上教学和慕课课程中是比较常见的。新冠疫情防控期间，停课不停学，教师居家开展线上教学，如果使用的平台得手，也可以如法炮制，直接在录制的视频中植入和内容相关的测试题，检查学生学习和理解的情况，至少可以了解他们是否来点播这条视频。

四、线上教学设计与实施建议

大规模的大中小学线上教育已经进行了一段时间，有很多收获，也有很多教训。大家开始理性反思线上教育的得与失，开始考虑如何才能让线上教育更加科学有效。本书将结合北京一〇一中学开展的学习科学研究，谈谈如何让线上教育更加注重科学。

学习科学 (Learning Sciences) 是国际上近 30 年发展起来的关于跨学科的研究领域，涉及教育学、信息科学、认知科学、脑科学、生物科学等重要研究领域。简而言之，学习科学主要就是研究："人究竟是怎么学习的，怎样才能促进有效地学习？"

学习科学的诞生和信息技术有脱不开的关系，因此，学习科学和线上教育具有紧密的联系。可以说，线上教育的理论、设计、开发、应用和评估研究的每一部分，都可以看到学习科学的身影，学习科学都发挥着重要的支撑作用。

对于一线教师来说，大家独立或者和专家合作开展学习科学研究是常态，但是更多时候，主要需要考虑的是如何应用学习科学。

近年来，北京大学教育学院学习科学实验室努力开展提升教师学习科学素养项目，致力于将学习科学知识和课堂教学深度整合起来。下面就结合相关研究的心得体会，并参考其他文献，给教师们提出"基于学习科学的在线教学八建议"，仅供大家参考。

（一）科学制作多媒体课件

关于多媒体课件的制作放在当下讨论似乎已经是"过时"了，但是，越是"老土"的东西可能越有效。我国自教育信息化改革以来，从幻灯片到微课，多媒体课件已经成为课堂中不可或缺的支撑素材。课件不仅是承载学习内容的显性媒介，更是发展学生知识储存方式和思维方式的隐形催化剂，多媒体课件的重要性不言而喻。随着信息技术可操作性的提高，以及互联网提供的海量开放的数字资源，可供教师选择的素材呈现出了多样性。当下，多媒体课件的制作对于很多教师来说已经不存在技术上的障碍了。但是，如何将已有的素材与教学内容合理地组织成适合学生学习的课堂教学媒介，这仍然是一个值得深入思考的问题。

美国当代教育心理学家梅耶提出的多媒体学习理论以及其他学者的研究成果为课件的制作提供了很多可参考的理论依据。多媒体教学中的很多原则和策略都一样适用于当下的教学情景，譬如，多媒体教学原则强调要排除无关认知加工：1.聚焦要义，去除无关材料；2.提示结构，突出关键材料；3.空间临近，解释图示的文本与对应图示的位置应尽量靠近等，这些已有的研究成果还是应当重视起来。在制作课件时，要考虑线上教育的特殊性，学生变成了都坐在"第一排"，所以，线上教学课件和普通课件可能还不太一样，比如字体略小一些也是可以接受的。

另外，线上教育中调动学生的参与感非常重要。脑科学研究成果告诉我们：新异性刺激有助于触发注意力的觉醒和定向系统。除了适当使用文字、声音、图片、视频，并力求符合多媒体认知原则，还可以利用新异刺激，比如视频、动画、奖励等手段吸引学生注意力，同时，可以采用情境变换促进学生的注意和记忆。

（二）分块呈现教学内容

线上教学应该小步子进行，采取分块呈现教学内容。根据注意力方面的研究成果，学生一般能集中注意力的时间只有15—20分钟。而线上教学的形式需要学生一直面对屏幕，影响学生注意力的因素变得更为复杂。除了注意力方面，画面的清晰程度以及音质，都将对学生的注意力产生干扰。如何高效利用学生可集中注意力的时间展开教学，成为线上教学的当务之急。面对如此大规模的线上教学，如何开展行之有效的教学任务是对每一位教师的挑战。

小步子开展线上教学可以从以下几个层面入手。

1. 对于录播课（慕课）普通直播课(1—3小时的课程)

将学习内容分成15—20分钟左右的模块，模块之间可以用播放视频、提问、讨论等其他内容调节过渡一下。

2. 采用思维导图

线上教学中，教师用图进行知识的组织，更加清晰地呈现核心概念以及核心概念之间的联系。

3. 要善于使用重复和总结

脑科学研究表明，许多大脑总在寻求新知识与已有知识之间的相似模式和关联，这也启示我们要根据学生的认知水平和可接受程度，对教学内容进行有机的重组。

（三）恰当呈现教师形象

大规模的线上教育，迫使许多教师当上了"主播"，这也是很多教师第一次直面镜头中自己的形象。教师形象呈现方式是线上教育中一个值得关注的问题。关于教师形象呈现对学生学习效果的影响，研究者做过一些研究。在视频学习中，学习者平均会花费62.3%的时间用于注视教师图像，用于注视学习内容的时间仅占37.7%。在网络课堂中，通过展示教师和教学内容，可以在教师可信度和即时性之间建立一种平衡。

对于如何呈现教师形象，目前还没有清晰的定论。但是，纵观已有的研究，可以确定的是，教师形象呈现对于学生的学习会产生一定的影响。虽然教师形象会占据学生一定的注意力，但是会对学生的学习情绪、学习感受等产生一定的积极作用。

因此，如果有条件请到高水平的"导演"，在直播或录播的时候可以动态切换内容，根据学生的需要恰当呈现教师形象和学习内容。如果没有条件动态切换，那就在屏幕上呈现教师形象吧。

（四）注重促进教学互动

在教学中，互动是一个非常行之有效的手段，相关研究很多。建构主义学习理论、社会文化历史理论、社会学习理论（班杜拉）等，都很强调互动的作用。但是，线上教学和传统的课堂教学的环境差异还是很大的，这导致了互动的形式和方式都发生了重要改变，如何在原有的基础和经验之上进行适应现有的学习环境的教学互动，这仍然是重难点问题。

许多研究表明，学习发生在学生之间的知识分享和同伴之间的互动。学生线上讨论，可以提高学生线上学习的质量，学生可以受到同伴的积极参与的影响。线上教学要充分发挥网络平台的优势，调动学生之间进行交流和分享。在教学过程中，要注重直播录播界面设计，譬如，注意看着摄像头；注重有效提问，善用言语互动；注重利用学习平台进行深度讨论，促进有效认知互动；注重线上教育中的"个性化学习"特点；注意给学习者"及时反馈"。另外，可以尝试给予学生更多的展示分享时间，以此使学生进行更为有效的自主学习。

（五）促进深度学习

互联网的"快餐"风格似乎难以让学习者深度思考。有人认为，线上教学很难做到面授课堂的线上搬家，达到面授课一样的学习深度，主要原因在于线上教学没有留给学生更多的时间去独立思考，没有留给学生更多的机会去集体研讨和相互启发。如何能够让学生在线上学习中进行更加深层次的思考和学习呢？

1. 必不可少的是设定问题，在探究问题中学习

早有研究者发现，不是被动地看纸质信息或听口头提供的信息，而让学习者对提问思考产生信息，那么，对这个信息的回忆效果就会显著改善。可见，问题情境中学习者的思考加工对于学习更有效果。线上教学中，教师不仅需要讲解基础概念，还需要提供思考问题。

2. 通过知识生成促进深度理解

为什么生成知识有利于深度理解呢？生成知识和观点的过程需要更多的认知努力，而不仅是接收信息，而且，我们在互联网中可以看到太多现成的资料

和无须费力就可以找到的答案，相比而言，需要个人去创造性生成的信息会更容易显得与众不同，也就会被记住得越好。比如，在搜索引擎上可以很快查出关于某一术语的解释，看过之后可能很快忘记，但是如果需要你自己下一个定义，那么，对于这个术语的理解就更深入，也会被保持得更好。因此，线上教学需要诱发学生生成信息和知识。

3. 通过设定探究任务，促进学习者的主动学习行为

具有主动学习特征的"学习行动"会让学习者有更强的控制感，有助于主动学习和记忆的长久保持。探究任务中，对知识的学习是由浅入深的过程，也是学习者发现问题和解决问题的过程，而关键在于教师发布的探究性任务是否贴近生活、跨学科、在难度和复杂度上递进。线上教学中，教师可以提供探究问题和资源列表，学生自主学习后完成自主探究任务。

（六）创新应用学习技术

生活中我们经常提"长板理论"，在线上教学中也是如此，一定要找到线上教学的特点并发挥其优势。线上教学中可以天然地使用各种新技术，并可以积累更多丰富的学习者行为数据，因此，学习也拥有了新型的方式。

回顾经典的学习理论，建构主义学习理论认为，学习是学生主动建构的，是对信息的主动加工和处理，而不是被动地接受。多媒体学习的认知理论的基础是双通道模型，即人有言语和图示两个单独的加工通道，用言语和图示两种编码结合起来构建心理表征，比只有一种编码的效果更好，并且我们更容易记住一些用图呈现的信息。体验学习理论认为，知识并非是通过单纯的讲授传递给学习者的，而是通过边做边学的方式获得的。只有反复经历探究、发现、反思、运用等几个阶段，才能真正掌握并且熟练运用相应的知识。情境学习理论强调在真实情境中呈现知识和应用知识，学习具有社会性和实践性，其本质就是社会协商。

综上所述，可以发现，学习终归是学生自己主动的加工建构，是通过体验和实践获得的，是在社会情境中习得的，而通过多媒体手段可以呈现丰富的多形式的信息，利用信息技术也能够创建更富吸引力的学习环境，从而更能激发学习者的学习动机。

1. 使用慕课、微课、翻转课堂等创新学习方式

慕课提供了让学生自主学习的平台，其系统的知识体系和课程作业、讨论答疑帮助学生掌握一门课程，而微课和翻转课堂给予学生通过自主学习获得知识建构的机会。

2.利用移动学习、VR/AR、游戏化学习创设学习环境

在学习环境的创设上，VR/AR 以其仿真和沉浸性独占优势。当然，在技术门槛难以达到的情况下，用幻灯片、视频、讲故事等方式依然可以为学生创造真实情境，激发学生的学习动机。

3.利用大数据、学习分析、人工智能实现个性化自适应学习

如今，自适应学习和个性化学习已经不再虚无缥缈或仅仅停留在理论层面了，大数据挖掘学习分析为发现学习者特征和学习差异提供基础，人工智能可以向学习者推送适合学习者自身水平的资源。当然，并非每位教师都需要实现这样的技术，可以先用成熟的产品，比如，使用能够智能匹配个人水平的背单词的应用软件。

（七）激发学习者积极情绪

我们的大脑像一个照相机，能够对一些具有情绪性的事件拍下照片，创造出永久记忆，这是因为人们对那些引起积极情绪或消极情绪的信息的记忆，在持久性上好于那些中性情绪信息的记忆。根据脑科学研究成果，积极情绪能影响认知连接的广度，提升学习者的注意广度、整体性思维。并且，积极情绪影响人们的整体理解，使得个体在认知和创造性思考任务中表现得更好。

社会情绪学习理论则认为，儿童学习理解和管理情绪，建立维持良好人际关系的社会情绪学习对认知有促进作用。学业与社会情绪学习联合会经过大量的实证研究证明了社会情绪学习对学业成绩和认知能力有积极促进作用。线上教学让学习者隔着屏幕难以在同一空间与教师和同伴共同活动，如何激发学习者的积极情绪呢？

1.可以采取很多有趣的活动

比如手势、击掌、放松练习等。具身认知理论认为，身体的活动、运动体验决定了我们的认识，让学习者在接受线上教育中肢体参与，在体验中感悟和理解。而且，这样有趣的、有仪式感的活动可以让学习者产生更多的融入感。在一个学习任务之后，可以让学生站起来走走，做点锻炼、喝点水，提高血液中的氧含量，保证大脑的能量来源。

2.积极的语言

如过程性的鼓励，使用幽默手段。对于过程和努力的表扬和鼓励有助于促进学习者成长型思维的形成，比如，赞扬"你对这道题的创新解法表现出你肯定很努力、很善于思考"。而幽默具有很多益处，比如，让体内内啡肽升高，让人精神欢快，能够引起人的注意，创造良好的学习氛围。

（八）善用游戏化 (Gamification) 思维

游戏化思维应用游戏的设计和理念，增强了学习者的参与感和沉浸感，帮助学生在主动认知加工的过程中学习。基于内在动机理论、心流理论、发现学习理论、强化学习理论等，游戏化学习理论也日益丰富。我们又经过长期的研究和思考，逐渐总结出了游戏的三层核心教育价值，依次为游戏动机、游戏思维和游戏精神。线上教学中善用游戏化手段开展教学，有助于提高学习者的学习动机，促进学习者的参与感，帮助学习者全身心投入学习。

1. 在教学过程中使用适当的游戏

包括传统游戏和电子游戏，比如，可以采用在线游戏对决（PK）的活动设计，让学生一起进入游戏化的答题情境中，在竞争和合作中学习。

2. 在教学过程中使用游戏化元素或机制

包括点数、徽章、排行榜等。当前有很多游戏化课堂管理平台，教师可以在课程中采纳，及时记录学生的进步，激发学生继续探究的动力。

3. 将教学活动设计为游戏

可设计为闯关游戏等。学科学习中有很多经典的游戏，可以线上组织学生玩学科游戏，或者教师可以根据游戏的设计方法，根据内容的规则将学习活动设计为一个游戏。

教育发展急需加强基础研究，基础研究可从学习科学开始。学习科学不仅对于线上教育有意义，对于疫情之后的传统教育更有意义。动心的设计，可以让线上教学"黏"住学生，在近两个月的"停课不停学"中，线上教学有效实现了居家隔离式教学形式，这对教师和学生带来了不小的挑战：一者是教学设计；再者是平台技术。对学生而言，学生难以保证线上参与度、作业完成质量，学习任务和活动的开展高度依赖家长配合，学习目标也仅立足于基础知识过关；对教师而言，教学质量受限于网课安排、授课进度、网络反馈，常常焦虑付出与回报不符，忧心复学后难以弥补，担心优等生和后进生之间的差距会拉大。尤其是很多对信息技术不太熟练的中小学教师，在毫无准备的情况下匆忙上阵，直接实现线上教学的跨越，此路之艰难可想而知。有些教师将教学效果不佳归因于学生线上学习的积极性低、主动性差，急于知晓解决问题的最佳答案，但始终没有头绪。有时候，找不到解决办法的原因可能并不是问题难了，而是问题本身就错了。人类时常期望以最小的代价来获取最大的收益，因此，总会趋向于更舒适的环境，更何况是身心发展尚处于成长期的中小学学生。线上教学中，重要的不是让学生自己提高自觉性，而是通过一定的方法促使学生愿意去学习、能够去学习。这个方法就是动心设计，以此策略触动学生的内心，为学生提供学习动力。

五、线上教学策略研究的实施步骤

为使研究更加深入，更具实效性，通过分析研究内容，确立了不同阶段研究工作重点：

（一）准备阶段：2020 年 3 月—2020 年 9 月

1. 阅读资料学习理论

查阅《远程教育论稿》《远程教育学课程》《线上线下混合式教学模式的研究与实践》等专业书籍资料，寻找课题理论依据和同类研究现状，努力收集与本课题相关的理论材料。

2. 论证方案掌握特点

多次利用组内会、集体学习等时机，专题学习相关文章、讨论特点规律，促进知识共享和共同成长。2020 年 9 月 10 日，课题立项成功，撰写开题报告，研讨调研方案，组内成员撰写开题计划。2020 年 11 月 10 日，怀柔区教科研中心专家组指导课题开题，认为：课题以直播课教学效果评估及优化策略为研究内容，对推动"停课不停学"线上教学实践经验的可传承发展具有重要意义，有利于推动线上线下融合混合式教学实践。开题报告文献分析全面，研究目标清晰，研究内容系统、深入，研究方法科学、有效，研究设计流程清晰，可实施性强，能有效地保障课题开展，预期研究成果明确，具有实践领域的引领性价值。建议：课题选题中，重点概念是"教学效果评估"和"优化策略"，对这两个概念结合"停课不停学"实践积淀给予进一步明确，如网络技术环境教学效果可以涉及学生学业发展、学生学习力培养、学生内在学习动力激发等；优化策略需要涉及多种方法组合，建议对课题研究中所关注的方法进行陈述，进而在课题研究中将上述内容要素落实到研究目标、研究内容及研究实施过程中。

（二）实施阶段：2020 年 9 月—2023 年 3 月

此阶段为课题深入实践研究阶段。

1. 实施线上直播教学

（1）提前谋划

我校对线上教学做了充分的技术准备、组织准备。调试"钉钉"与"腾讯"两套系统，并提出线上初期教学要节奏慢、容量小、状态稳的要求，确保线上教学顺利进行。

（2）及时总结

我校每周五下午 4 点到晚 6 点组织各教研组、备课组、年级组开展了部门间线上交流研讨活动。

（3）持续评估

学校分阶段组织线上教学诊断评估。无论是初三、高中，毕业年级还是非毕业年级，都细致安排了"线上评估"内容，效果良好。

2. 探索直播优化实践

积极开展初高中教学集体教研备课，定期汇报直播课收获与体会。开展了"101HR·停课不停学，成长不停歇"网课期间同学们该注意哪些？"101HR·战'疫'行动"致家长的一封信。疫情下，家长如何陪伴学生成长？疫情当前，孩子"宅"家，如何提高学习效率？"家校共育"—家育校育共助成长等。总结了基本认知：减容量，慢进度；启兴趣，浓氛围；小程序，来帮忙；点名器，藏玄机；助优势，享乐学；复习题，控制好；护眼睛，保健康；齐努力，共抗疫！

3. 实地调研学生体验

（1）线上教学五种方式

直播授课；录播授课；慕课授课；录播教室授课；超星学习通同步课堂。

（2）准备工作

调研教师上网课需要准备哪些设备，学生上网课用哪些设备。

（3）常用平台的优势和不足

（4）网络时代高辍学率的原因

好奇心减弱；成就感不足；认同感有限；课程的拖沓；教师的因素；学生的因素；学习的时间；学习的内容；学习的矛盾；学习的更新。

（5）梳理影响效果因素

主要通过腾讯会议、钉钉的使用，提炼出影响线上直播课效果的 5 条主要因素：平台网络环境是影响线上教学的首要因素；教学设计优化是影响线上教学的核心因素；教学评价反馈是影响线上教学的关键因素；教学服务支持是影响线上教学的保障因素；学生居家学习状态是影响线上教学的主观因素。

4. 广泛交流研究对策

在一〇一教育集团内组织交流，共同研究破解线上直播课矛盾问题的对策。利用网络手段，在比较借鉴全国各地优秀做法的基础上，将大量线上直播课成功的经验做法升华为精练的理论，提出破解深层原因的对策措施。

5. 持续验证措施效果

组织线上高端备课指导，通过《认识有机物》《醇和酚》《盐类的水解》《化学电源》《氮》《乙酸》《酸雨》等诸多内容的研究探索，推进对策措施在一线课堂教学中的应用。

6. 设计评价指标体系

通过设计发放问卷，采取咨询、讨论等形式，收集、综合各类专家、教学管理人员、一线教学人员及部分学生的意见，运用层次分析法研究确定教学效果的评价体系。

7. 归纳提炼教学策略

通过访谈或问卷测试的形式了解评价体系的运用成效，在前期工作基础上总结提炼优秀教学策略。

8. 邀请专家教授指导

采取现场会议、函审通信等方式，先后十余次邀请北师大王磊教授、胡久华教授以及清华附中、11 学校，怀柔区教研员等专家指导把关。

9. 全国征集论文案例

向全国有关高校、中学、教研机构等，发出论文征集函，广泛吸取各类研究人员、一线教师、专家权威等真知灼见，启动《线上教学管理与课堂实践》一书的编写。

10. 编写中期研究报告

（三）总结阶段：2023 年 3 月—2023 年 6 月

1. 组织末期培训

聘请专家评价线上直播课效果评估指标体系的构建、指导教师线上大单元教学设计框架，帮助完善课题研究成果。

2. 建立评价体系

（1）构建线上直播课效果评估的指标体系

包括分类与设计、构建与过程，以及指标权重的确定与检验等。

（2）明确线上直播课效果评估的前端分析

教学内容分析、教学目标分析和学生特征分析。

（3）规范线上直播课效果评估环境的设计和评估资源的设计

包括微课、网络课件、虚拟仿真教学资源的设计等。

（4）推荐线上直播课效果评估的常用方法

包括多属性评估方法、多元统计评估方法、不确定性评估方法、其他综合评估方法等。

3. 总结优化策略

通过一系列行动研究，提出了教学优化策略。

（1）基于行为目标的线上直播课策略

先行组织者策略、"支架－渐隐"策略、媒体选择与应用策略、在线讲授策略、案例教学策略、演示教学策略等。

（2）基于生成性目标的线上教学策略

抛锚式教学策略、随机进入式教学策略、建模策略、教练策略、探究式教学策略、协作学习策略、反思策略等。

（3）基于表现性目标的线上教学策略

主题讨论策略、头脑风暴策略、角色扮演策略等。

4. 提炼研究成果

系统总结梳理"中学线上直播课教学效果评估及优化策略"，形成结题报告。

5. 编撰推广书籍

整理主题活动内容、活动教案，评价指标体系等，编写书籍——《线上直播课教学效果评估及优化策略研究》《线上教学管理与课堂实践》，推广应用研究成果。

6. 信息归档分类

研究过程中资料归类整理，建立化学资源库，为一线主播教师提供参考。

六、研究成效

（一）研究形成了线上教学效果评估的评价细则

课堂教学是理论教学的中心环节，也是教学活动的基本形式。课堂教学应以学生为主体，教师为主导，做到目标明确、内容正确、重点突出、条理清楚、方法恰当、仪态大方、语言艺术、板书合理、联系实际、教书育人、气氛活跃、组织有序，使学生获得知识、发展智力、培养品德、提高能力，取得良好的教学效果。

（二）研究促进了教师队伍快速发展

1. "线上教学"模式为教师们的研修搭建了一个宽畅的平台

在"线上教学"之前，"一〇一教育集团"实施"一体化办学"，我们每周都去圆明园校区（总校）和海淀进修学校以及海淀名校进行学习教研，往来于怀柔和海淀之间，常常是十分的不方便（时间紧张、耽误教学、不甚安全）。有时也开展一些网上的学习，比如"一体化的教科研互动平台""学科网教学资源""大数据精准教学"和"'继续教育'学习"等，但都是一些很有限、很具体的资源。在"线上教学"之后就不一样了，"网上研修"成为一种十分普遍的、开放的、常态化的，甚至是必须的学习方式。"线上教学"学习和研究达到2000人次，涵盖100多种课程，包括听课、教研、资源共享等各方面，横跨国家、北京、海淀和怀柔、学校内部五个层次，大大提升了学校教师专业的有效成长。

2. 积极构建适合校本的"线上教学"的教学教研活动

"线上教学"使我们不仅站在现代化教学技术运用的时代前沿，也使我们不得不尽快地"摒弃"传统的教学方法，开始全面实施"各学科与信息技术深度融合，开展以大概念、大单元、任务群为基本形式的线上教学"。在这一特殊时期，我校的老师们将保持有温度的教育情怀，与家长同学们一道，在一次次的线上师生交流中，惠风和畅，傍花随柳！教师们充分利用"网络"的便利实施"分层教学"和"个别辅导"：开展"小课堂"，"特色课堂""兴趣课堂"和"专题课堂"，收到了更好的效果。

（三）研究提升了教师的科研意识，研究能力

课题研究使教师们快速成长起来，教师们在研究中掌握了科研方法，提高了观察能力、反思分析能力、合作研究能力、科研意识显著增强。各种能力都在实践中获得了锻炼和强化。7名教师在北京师大高备中获得一等奖14项，多篇研究论文《化学教育》《中学化学教学参考》《高中教育研究》《怀柔教育》发表，多篇论文在北京市京研杯、智慧教师等优秀论文评比一二三等奖，并在区级分享交流。

（四）研究以点带面，带动了线上教学发展

研究过程中，北京大学卢晓东教授、中国科学院大学公旭中博士、北京师范大学焦鹏教授、吉林师范大学赵丽娜院长、暨南大学高广刚院长、沈阳教育学院专家林淑芬、北京市一〇一中学领导教师给予本课题成果书籍《在线教学管理与课堂实践》《线上教学效果评估及优化策略》大力支持，在各种研讨、交流、展示活动中推广我校的研究经验，与兄弟学校在教育改革创新的路上携手并进。线上教学的教学效果评估的细则，为一线教学提供借鉴。

第六章　线上教学的优化策略

第一节　线上平台指南

一、如何选择平台

直播的核心，是发挥稳定的远程教学平台。远程办公会议系统所用的平台可行，但有教学专用的平台自然更好。一开始，教师可以自己在家多试几个平台，然后再做选择。如果学校已经选定某些平台，那么，最好使用学校统一的平台，而不追求性能最出色的平台。如果每个教师都自行选择自己的平台，会导致同一所学校平台过多，学生上课需要频繁切换，增加学习负担。有时候他们的电脑、手机都不一定有足够的空间来安装过多的平台或者应用。学生有一个统一的平台，功能或许略逊色一些，但学生知道在用什么，可以缓解上网课的焦虑。如果学校没有选择，需要教师去选，需要考虑平台有无如下核心功能。

1. 双向语音交流

教师和同学都可以打开外接或内置麦克风，开展双向语音交流。

2. 图像视频交流

平台可以利用电脑或者手机的摄像头，让教师、学生彼此看到头像，这个头像未必时刻都要使用，但是在必要的情况下以及在某些学科（如体育、绘画、音乐）上，会发挥积极作用。

3. 屏幕分享

平台应该允许教师分享自己的屏幕画面，以及自己在屏幕上操作的实况，这个功能通常远比头像视频更为重要。很多教学过程，是需要教师去演示给学生看的。缺乏屏幕分享功能的网课平台，就如同没有黑板和粉笔的教室。

4. 书写板

平台最好要有手写板功能，让教师能够写写画画，在线讲解，也可随写随擦。

5. 文字聊天

语音和录像由于硬件设置的关系，有时候一开始会出现问题，有文字聊天功能，能迅速开展沟通。有些教学内容，例如，链接的分享，在聊天窗口分享更为简便。

以上属直播课的核心功能，缺了它们，会严重影响教学质量，建议学校和教师慎重考虑。其他一些功能非为必需，如果有更好。

1. 录像

教师的教学过程可全程录像，以便特殊情况不能出席的学生后来能看到，或者让有疑惑的学生课后再看。

2. 答题／投票

教师随堂提问，让学生选择，如判断正误、多项选择，当然可以用聊天来实现，但是聊天没法及时汇总。有些软件，如问卷星有投票功能，让教师随时随地提问，全班迅速回答，教师迅速得知结果，了解学生学习的进度。

3. 分组

有些平台还有分组、分教室的功能，让一个班级的学生分成几个组分别讨论，这也是比较独特的教学功能。

4. 课堂管理

如让学生举手提问功能，有的话很方便，相当于教师线上点举手的同学依次发言，没有的话也可以在事先约定好规则的情况下，用聊天窗口取代。例如："同学们如果有什么问题，我会留出十分钟时间答疑，大家可以先把问题记下来，在我讲课结束后，在课程聊天窗口提交，我讲课时请勿提交，以免影响其他同学。"

二、挖掘平台功能

（一）宣传发布类

1. 信息化教学创新

2. 易企秀

3. 草料二维码

（二）检索制作类

1. 稿麦

2. 格式工厂

3. 讯飞听见

4.CS 扫描全能王

5. 速捷 PDF 转换器

6.101 教育 PPT

7. 优芽互动电影

（三）互动直播类

1. 腾讯会议

2.CCtalk

3. 钉钉

4.classin

（四）在线互动类

1. 活动抽签

2. 小卡片

3. 问卷星

4.umu 互动学习平台

5. 希沃信鸽

6. 听课本

（五）知识管理类

1. 百度网盘

2. 文叔叔

3. 腾讯文档

4. 印象笔记

5. 幕布

三、如何预备直播

选择了合适的平台后，直播前可做如下的技术预备，让直播效果更佳。

（一）配置必要的语音、视频硬件

教师最好配备外置耳机、麦克风，以免电脑的风扇等声音影响效果，另外外置耳机、麦克风可避免自己讲课声音回弹。

（二）找到适合直播的地点

无论在家中还是在外面，最为关键的是要找到尽量少有干扰的地方，这可以是书房、卧室、客厅，但也有人用自己的衣橱间、阁楼、阳台，总之尽量减少外界环境对自己的干扰，不要让家人吸地毯的声音跟自己"抢麦"，也要减少自己对他人的干扰。这就需要和家人约定好，并在门上写好正在直播的提示信息，写清楚何时结束。直播地点的背景，尽量干净整洁，没有杂乱和过多分散视线的物品或陈设。现在软件有些可以设置自己的摄像头虚拟背景，无论在哪里，都可以呈现海阔天空或者诗情画意，也很不错。

（三）创建一个直播的账号

大家的电脑屏幕上文件很多，这对于直播和录播课都是不利的，会影响视觉效果，造成不必要的干扰。可以在电脑上另外开设一个用户账号，专门用于直播时登录。该账号仅安装上课所需的软件，以及课程资源（比如演示文档），也不打开任何网页，屏幕上白茫茫一片真干净。在需要直播、录播的时候，从个人账号切换到此账号，这使得录播效果好了很多。

另外一个避免干扰的办法是，设定电脑、手机等设备的"免打扰功能"，以免弹出不必要的对话、日历提醒等，干扰正常的教学。有些电脑上有免打扰功能选项。你可以选定特定时间不要打扰，或者在电脑连接到外置显示器时免打扰。此功能开启后，可避免弹出与工作无关的视频、音频、广告和提醒，影响教学。倘若你的设备上没有这个功能，变通的办法是重新启动电脑，让所有程序关闭。重启后，仅打开直播所需的平台和相关软件。

（四）测试语音和视频

上课之前，可利用同样的平台，与同事、家人、朋友预先测试，确保声音图像应有尽有，各项自己可能需要的功能也都去测试一遍，包括自家网络环境下，视频或音频的播放是否卡顿。如果存在卡顿，就未必在直播中使用这些多媒体材料，而可以提前发布给学生，让他们用自己的时间去看。

（五）提供平台使用指南

上课之前的几天，找到关于平台使用方法的官方说明，最好发给学生和家长。如果平台的官方说明多而无当，自己只需用小部分，可另外录制一段屏播视频给学生和家长。也要询问学生是否存在任何困难，比如会不会有学生需要"凿壁借光"——家中没有网络，需要去蹭他人网络，甚至连电脑、手机全都没有。这些情况需要反馈给学校，看有无可能解决。自己如有解决的办法，也需要纳入考虑，总之，不让贫困学生缺席这个新课堂。

四、直播课上什么

开始直播课之后，到底和学生讲什么？由于各个学科不同，对内容的讲述方式就不同。总的来说，直播课和面对面课堂教学最为接近，讲课方式所需变化并不多，但是仍需要做一些小的调整。

（一）以暖场环节开场

虽是直播，大家或许都可以看到彼此头像，但是屏幕相隔，还是增加了一些隔绝，而良好的课程氛围和师生关系，对学习都是有帮助的。课程开始，不妨安排一些"暖场"的环节，比如播放音乐、播放表示欢迎的演示文档、播放平台使用说明等,让学生在屏幕前轻松下来。如果学生一开始上课的情绪是焦虑、恐惧的，会严重影响教学效果。

（二）介绍学习目标

介绍当日要讲的内容和要达成的目标，同时说明线上线下分别要完成的学习任务。很多教师上课，无论线上线下，均直奔主题，而没有对每一节课程的目标以及此目标和其他目标有何关联有所介绍，十分可惜。开始介绍学习目标和计划，对学生是督促，对教师也是约束，以免课上着上着开始说起段子，离题千里。

（三）缩短授课时间

学生线上上课，可能注意力不能长期维系，如果直播课时间过长，学生可能会走神。教师不妨让直播课程比平时的课程时间更短一些，留出一些时间让学生完成作业、自测、查阅资料等。

（四）利用投票或测评功能

如果平台存在投票、测验功能，应该充分利用，随时把握学生学习的进程。这些功能，会给网课增加面对面教学所没有的一些趣味和效率。

（五）增加必要的线上互动

在传统课堂上的学习，学习过程是社会化的，学生们一起学习，其间有师生互动，以及学生和学生之间的"生生互动"。在网课上，学生可以通过聊天窗口公开"私聊"，教师也可以提问，让学生回答。或者反过来，学生提问，教师回答。这些互动的设计，都需要事先说明规则。比如，什么时候开展、发言注意事项等，这些不妨在课程开始时交代清楚。也有些新的小软件提供了课上"递纸条"的功能，也可以采用。

五、给直播课增效：遵循多媒体学习原则

直播型网课完全是文、图、声、像齐备的多媒体教学。多媒体教学调集人的不同感官，需要遵循多媒体环境下的学习原则。美国教育心理学家理查德·E. 梅耶（Richard E. Mayer）针对多媒体教学提出了十二条基于实证研究的原则。下表中，我们将描述这十二条原则分别是什么，以及它们如何使用在直播课上。

表 6-1　多媒体学习原则在直播中的应用

多媒体学习原则	梅耶的说明	直播中的应用
连贯原则（coherence principle）	若排除而非包含无关的单词、图片和声音，学习效果更佳。	应该删除和教学内容无关的点缀性文字、图片和声音。关闭不常使用的功能。
信号原则（signaling principle）	若能够提示课程材料如何组织的相关信息时，学习效果更佳。	在课程开始的时候，花一点时间介绍课程目标、内容组织方式、教学方法。
冗余原则（redundancy principle）	若能够提示课程材料如何组织的相关信息时，学习效果更佳。	不要将自己要说的话，原原本本放在屏幕上照着念。
空间连续性原则（spatial contiguity principle）	当页面或屏幕上的对应单词和图片彼此靠近而不是彼此远离时，学习效果更佳。	如果屏幕上同时出现图片和对应文字时，要将其放在一起，而不放得过于凌乱。这在制作 PPT 的时候尤其需要注意。
时间连续性原则（temporal contiguity principle）	当同时而不是连续展示相应的文字和图片时，学习效果更佳。	除非测验，图片和文字应该放在同样的页面上，而不是分离开，一前一后播放出来，让人记不住相关的对应。
细分原则（segmenting principle）	课程分成单元，让用户可以按照自己的速度去学，学习效果会胜过长时间连续播放的形式。	直播课不宜做成和面对面教学完全一样的 45 分钟讲课的模式，如能将内容切分开，分成几段，效果更好。也要考虑有无录播的选择，提前录好被"切分"的多个小视频，让学生可以依据自己的学习进度去看。
预习原则（pre-training principle）	了解主要概念的名称和特征后，学生可以从多媒体课程中更好地学习。	部分课程内容，比如基本概念和定义，可以先让学生阅读，或是告知学生应该去看教材中的具体内容。
情态原则（modality principle）	图形＋解说的讲授方法，效果胜过动画＋屏幕文字。	不要浪费时间和精力制作 Flash 动画，其效果通常不如你放置图片在屏幕上，亲自和学生讲解。
多媒体原则（multimedia principle）	人们从"文字＋图片"中学到的知识，要胜过仅有文字的呈现方式。	可以在自己的直播课程中，增加一些能说明概念的图片。
个性化原则（personalization principle）	多媒体课程当中当老师用非正式口语上课，而不是正式风格来上课，学生学习效果更佳。	老师上课不要用那种类似官腔或者学术文章风格的授课方式。更为口语化、原生态的语言，会更能吸引学生注意。
语音原则（voice principle）	以友好的真人语音，而不使用机器语音来讲授多媒体课程，学习效果更佳。	虽然现在有很多人工智能手段，将文字转换成机器朗读的语音，但是真人讲解通常效果更好。

多媒体学习原则	梅耶的说明	直播中的应用
图像原则 （image principle）	在多媒体课程中，老师的头像添加到屏幕上，无助于学习效果。	梅耶认为那种"十八线主播"式的"大头照"放在屏幕上无助于学习效果。不过，这是相对于屏幕上播放图片加讲解，如果你要讲解的是细胞结构，肯定把细胞结构图片放在屏幕上比老师头像更有效果。在实践当中，老师头像放在屏幕上无妨，可以让学生看到老师表情和反应，不然仅仅让学生看 PPT，学生也会感觉枯燥。

六、给直播课减负：合理利用学习过程中的认知负荷

"认知负荷"理论是由澳大利亚认知心理学家约翰·斯威勒（John Sweller）首先提出来的，指的是学习者在学习过程当中，使用了多少"工作记忆"。人之学习，就如同电脑的工作，一开始学习者会接触信息，这些信息，由于种种外在和内在原因，有些中途丧失，余下的部分，进入"工作记忆"（working memory），相当于电脑的缓存。进入"工作记忆"的信息，有一部分会丧失，余下的，经由存储、消化、回顾、练习等，进入学习者的长期记忆。进入长期记忆的内容，才算学会了，掌握了。

表6-2 优化直播课中的认知负荷

认知负荷种类	说明	如何在直播课中利用
内在负荷 （Intrinsic cognitive load）	教学任务自身	介绍复杂概念之前，应该让学生有机会掌握更为简单的概念，循序渐进。有些基本概念和技能，如果班上掌握的程度参差不齐，不妨先以文字或者录像的方式，预先发布给学生，在直播前让其了解。课程的内容越颗粒化，就越能够对症下药，让学生从不会到会。著名的可汗学院创办人曾经介绍，他之所以开始视频教学，是因为他一个亲戚小孩被认为数学不好，结果他发现只是某个关键的学习点她没有掌握。他将这个学习点介绍之后，小孩就进步很快。
外在负荷 （extrinsic cognitive load）	影响教学的外在的因素，包括导致注意力分散的元素。	减少各种无助于教学的"视觉糖果"。授课应该尽量在相同的平台下，不需要频繁切换，因为转换中会分散注意力，增加外在负荷。 不要使用可能会有很多外在因素（如广告、插件、弹幕等）的平台。尽量减少学生一次接受的信息单元数，有些内容虽然已经开发好，但是如果不是本节课所讲的，就不必全部堆积出来，让学生眼花缭乱。

认知负荷种类	说明	如何在直播课中利用
关联负荷 （germane cognitive load）	指思维模型 (schemas) 的 处理和创建 过程。	通常来说，学习就是一个人的思维模型越来越复杂的过程。这种关联负荷，是让学生将一次课程的学习，和他日渐复杂的思维模型建立起关联。这种关联对于学习是有益的。 可利用图表的方式，一开始就让学生看到本课和其他学习内容之间的关联关系，以及这一节课学生处在学习地图的什么位置。通过提问等方式，在直播中将学习的内容和学生的背景、关注点、期望值联系起来。

总而言之，直播课力求有效利用学习过程中多媒体的使用原则，人脑的"内存"，不让其负荷过大。在学习内容上，要由易到难。同时，要让学生不仅见到树木，还要见到森林，把当时的所学和更大的背景联系起来，产生关联。当然，不是所有的课程都必须以直播课方式完成，有些内容可以是事前录播的。直播和录播可以自由切换，相互补充。

七、线上教学的五种方式

采取多种措施确保线上学习与线下课堂教学同质等效，确保"停课不停教，停课不停学"。在保证教学进度和教学质量的前提下，因课制宜采取多样方式，方便学生自主灵活学习。应用校内外公共课程服务平台，开展线上教学、组织线上讨论、答疑辅导等教学活动，布置线上作业，进行线上测验等学习考核；与课程平台建立教学质量保障联动机制，充分利用学习行为分析数据，了解学生在线学习情况。

（一）直播授课

教师定时（课表时间）线上直播讲课，学生线上实时观看学习。

1. 授课形式

教师通过电脑上的天翼云会议、腾讯会议、钉钉、classin 等创建会议室，通过天翼云投屏软件或腾讯会议分享电脑屏幕（可播放 PPT 内容，展示教学资料，使用电子白板进行板书），教师头像、授课语音实时传送给所有上课学生，通过学习通软件开展课中互动（签到、投票、选人、抢答、主题讨论等），课后进行作业布置、线上考试等。

学生通过电脑或者手机上的天翼云会议加入在线直播讲课，实时观看教师的电脑屏幕内容，收听教师的授课语音，在课中互动环节，可以通过云会议的麦克风实时语音回答问题；通过学习通软件参与课程互动环节，完成课后作业、线上考试等。

2. 软硬件需求

（1）教师：笔记本电脑、台式机（带耳麦），安装天翼云会议软件、天翼云投屏软件；智能手机，安装超星学习通 APP

（2）学生：笔记本电脑、台式机（带耳麦），安装天翼云会议软件、天翼云投屏软件；智能手机，安装超星学习通 APP

3. 授课地点

教师在教室、办公室、家中直播授课；学生在家中实时观看学习。

4. 教学督导

教学督导人员可以进入到直播授课的云会议室，线上观看上课情况；超星泛雅平台负责统计课程互动、课后作业、课后答疑辅导的数据。

（二）录播授课

教师提前录制授课视频，上传至学生群，学生在课前自行观看学习，课中（课表时间）教师进行线上答疑等活动。

1. 授课形式

课前的授课视频录制：可利用我校三间录播教室进行录制，也可采用录屏软件自行录制。

课中教师通过电脑上的天翼云会议创建会议，通过天翼云投屏软件分享电脑屏幕（即可播放 PPT 内容，展示教学资料，使用电子白板进行板书），教师头像、授课语音实时传送给所有上课学生，通过学习通软件开展课中互动（签到、投票、选人、抢答、主题讨论等），课后进行作业布置、线上考试等。

学生通过电脑或者手机上的天翼云会议加入线上直播讲课，实时观看老师的电脑屏幕内容，收听老师的授课语音，在课中互动环节，可以通过云会议的麦克风实时向老师提问或回答问题；通过学习通软件参与课程互动环节，完成课后作业、线上考试等。

2. 软硬件需求

（1）教师：笔记本电脑、台式机（带耳麦），安装天翼云会议软件、天翼云投屏软件，录屏软件（例如 FSCapture 屏幕录像机）；智能手机，安装超星学习通 APP

（2）学生：笔记本电脑、台式机（带耳麦），安装天翼云会议软件、天翼云投屏软件；智能手机，安装超星学习通 APP

3. 授课地点

教师提前录课上传线上课程平台，学生在家提前观看学习；教师在教室、办公室、家中线上直播答疑，学生在家中参与在线课程答疑。

4. 教学督导

教学督导人员可以进入线上课程平台观看教师提前录制的课程资源，进入线上直播答疑的云会议室，线上观看上课答疑情况；超星泛雅平台负责统计课程互动、课后作业、课后答疑辅导的数据。

（三）慕课授课

教师选择国家中小学教育平台，中国大学 MOOC 平台、学堂在线、超星尔雅、学银在线、智慧树等平台上现有的优质慕课资源，学生在课前进行学习；课中（课表时间）教师进行线上答疑等活动；课后学生完成老师布置的作业。

1. 授课形式

教师选择线上课程平台上的优质慕课资源，所选视频课程需报所在学院审批通过后方可组织教学。

课中教师通过电脑上的腾讯会议、天翼云会议创建会议，通过投屏软件分享电脑屏幕（即可播放 PPT 内容，展示教学资料，使用电子白板进行板书），教师头像、授课语音实时传送给所有上课学生，通过学习通软件开展课中互动（签到、投票、选人、抢答、主题讨论等），课后进行作业布置、线上考试等。

学生通过电脑或者手机上的天翼云会议加入在线直播讲课，实时观看老师的电脑屏幕内容，收听老师的授课语音，在课中互动环节，可以通过云会议的麦克风实时向教师提问或回答问题；通过学习通软件参与课程互动环节，完成课后作业、线上考试等。

2. 软硬件需求

（1）教师：笔记本电脑、台式机（带耳麦），安装天翼云会议软件、天翼云投屏软件，录屏软件；智能手机，安装超星学习通 APP

（2）学生：笔记本电脑、台式机（带耳麦），安装天翼云会议软件、天翼云投屏软件；智能手机，安装超星学习通 APP

3. 授课地点

教师提前选择线上课程平台上的优质慕课资源，学生在家提前观看学习；教师在教室、办公室、家中在线直播答疑，学生在家中参与在线课程答疑。

4. 教学督导

教学督导人员可以进入线上直播答疑的云会议室，线上观看上课答疑情况；

超星泛雅平台负责统计课程互动、课后作业、课后答疑辅导的数据。

（四）录播教室授课

利用微课室、精品课程教室、虚拟演播室三间录播教室，教师按课表时间上课，以网上直播的方式播出，学生通过电脑或者手机在线收看。

1. 授课形式

与传统上课方式差别不大，教师准备好课件材料正常授课，通过学习通软件开展课中互动（签到、投票、选人、抢答、主题讨论等），课后进行作业布置、线上考试等。

学生电脑或手机访问线上直播页面，实时线上上课；课中互动环节，通过手机端学习通软件参与课堂互动。

2. 软硬件需求

（1）教师：智能手机，安装超星学习通 APP

（2）学生：电脑或者智能手机，安装超星学习通 APP

3. 授课地点

微课室、精品课程录播室、虚拟演播室、普通教室或者家中。

4. 教学督导

教学督导人员可以进入线上直播页面观看上课情况；超星泛雅平台负责统计课程互动、课后作业、课后答疑辅导的数据。

（五）超星学习通同步课堂

教师利用超星学习通软件线上上课，学生通过电脑或者手机线上收看。

1. 授课形式

教师通过手机学习通软件播放 PPT 课件，同步语音授课，开展课中互动（签到、投票、选人、抢答、主题讨论等），课后进行作业布置、线上考试等。

学生通过电脑网页或手机学习通 APP 进入同步课堂，线上观看老师的 PPT 课件，收听教师的授课语音，参与课中互动。

2. 软硬件需求

（1）教师：智能手机，安装超星学习通 APP

（2）学生：电脑或者智能手机，安装超星学习通 APP

3. 授课地点

教室、办公室、家中等。

4. 教学督导

教学督导人员可以进入同步课堂查看上课情况；超星泛雅平台负责统计课

程互动、课后作业、课后答疑辅导的数据。

八、常用平台

（一）腾讯会议

1. 优势一，会议容量大

和企业微信一样，作为腾讯出品的专业会议软件，腾讯会议在疫情期间也免费支持300人视频会议，这可谓是"雪中送炭"，在艰难的时刻帮助很多企业、学校完成各类会议。由于手机的性能和电脑比稍差一些，导致会议流畅度一般，滑屏后出现画面卡顿。但是，腾讯会议电脑版在进行较大规模的会议时，也仍然能保证会议质量和流畅度。

2. 优势二，操作难度低

腾讯会议登录就很简单，大多数用户可以轻松登录。腾讯会议可以微信登录，也可以使用手机＋验证码直接登录。此外，参会者想加入会议，可以在腾讯会议里输入会议号进入房间或者直接通过微信的邀请链接直接入会。

3. 优势三，美化功能棒

对于一些精致的人来说，无论是线下还是线上开会，都要神采奕奕、都要美美哒。腾讯会议可以在这方面最大程度地帮助大家，让大家以最好的面貌参加会议。腾讯会议的视频美化是相当优秀的，可调节的美颜功能足以让大家在线上会议中自信满满。除此之外，PC端还有背景虚化、暗场景增强、视频降噪等人性化设计，保证了每个职场人的体面。

4. 优势四，共享功能强

腾讯会议的共享功能也是可圈可点，电脑版可以实现共享桌面或指定共享已打开的特定窗口，对于会议中需要展示的部分，使用该功能可以让展示变得更加容易、更加有效。比较特别的是腾讯会议可以在会议里新建或导入文档、表格，边开会边同步会议纪要非常方便。

5. 优势五，适用人群广

腾讯会议可以说是线上会议软件中的"六边形战士"，自然圈粉无数。目前来看，使用腾讯会议最广的自然是学校、企业、机构，因为他们有很多时候都需要开会商议，解决问题。此外，一些游戏玩家也会将腾讯会议作为实时语音软件使用。

（二）钉钉

1.钉钉网课之利（学生）

（1）对于基础差的学生可以利用钉钉直播回放功能，将学校课堂上教师一带而过的知识点反复回放仔细思考

（2）对于学习方法得当的学生，在网课之后会有更多的时间不受打扰地投入到薄弱学科，可以把时间自由利用，身心会更轻松，有一个好的状态（当然得是生活自律、学习上进的学生）

（3）网课直播全凭自觉，可以更好地培养学生的自律与自控能力

（4）对于厌学偷懒的学生终于可以不去上学，并且有大把时间休闲娱乐，可以挂着直播做自己想做的事

2.钉钉网课之弊（学生）

（1）还是对于厌学偷懒的学生，网课直播导致他们的恶习加深，厌学者更加厌学，偷懒者愈加偷懒，挂着直播去聊天打游戏看视频的学生比比皆是……除非他们能从内心深处醒悟，否则耽误的这些时间是无法挽回的

（2）对于自控自律能力差的学生，会以网课为由上网过度，作息不规律，影响身体健康，视力下降

（3）适应能力差的学生可能一时无法接受网络教学，不能集中注意力，学习效率低，逐渐落后

（4）同学在钉钉的作业系统提交作业时可以看到其他同学的作业答案，给了很多人抄袭作业的契机

3.钉钉网课之利（教师）

（1）钉钉直播给教师搭建了当"网红"的平台，让教师有机会体验网络授课

（2）很多教师教两个以上的班级，网课可以将所有班级合为一体，即一次课程几个班级一起上，节省时间，节约资源

（3）免去了教师现实生活中教室到办公室的往返奔波

4.钉钉网课之弊（教师）

（1）刚接触网络直播教学很多教师会不习惯，手机直播由于资源有限无法摆拍，只能手举直播，导致自己遭罪，学生晕车；电脑直播也会有声卡问题导致声音不清晰或是时大时小

（2）全国各地都在用同一软件就会有系统崩盘直播卡顿的现象，为此很多教师用流量直播，学生也在用流量学习，变相地导致众人经济损失（虽然为

了知识这是值得的）

（3）同学上传的作业照片横竖版面不一致，清晰度低，光线暗，导致教师批阅作业极其不便，甚至头晕眼花，无形之中给教师造成了身心上的影响

5. 钉钉网课之利（社会）

（1）极其便利地为全国师生提供授课学习平台且不受疫情影响

（2）构成了前所未有的强大的网上师生网络

6. 钉钉网课之弊（社会）

（1）对于那些贫困、无经济条件的家庭很难加入网课之中，试想那些渴望知识却无法得到的贫困学生看着那些身在福中不知福、时时刻刻浪费资源的正常学生心里是什么感觉

（2）中小学生（尤其是小学生），他们心智尚未成熟，电子设备有很多都不能掌握，如此一来就会麻烦他们的家长。在教师布置任务清楚的情况下，如果家长领会不到位，教师就会反复强调，不免会引起家长的反感，而问题的本身却出在家长身上。在教师布置任务不清楚的情况下，家长就会闹得更凶，毕竟错误不在家长……总的来说就是教师和家长之间配合不默契，导致教师和家长的关系一度陷入僵局，相互误解，长久下来未必是件好事

总而言之，钉钉网课在各方面利都多于弊，它的存在也许会改变某些事情的本质。所以希望学生、教师、家长三方极力配合，为了今后的自己、为了祖国的未来、为了孩子的人生一起努力坚持。

（三）ClassIn 亮点功能简介

之前大家对 ClassIn 的了解都停留在线上教室，自从 2020 年翼鸥教育提出了 OMO 的概念，ClassIn 已经升级成为 ClassInX，已经不单单是一款线上教学工具产品，线下教学也能使用。目前，翼鸥增加了硬件事业部和内容平台，可为机构提供全场景解决方案。以下是对 ClassIn 亮点解读，可以了解一下。

1. 稳定性强，延迟低

2. 教室内互动工具多，互动性强，可尽可能还原线下课堂

3. 服务器全球部署，在海外也有分公司，客户端具有多国语言版本

4. 机构后台有自己的云盘，课件资源可通过授权的方式给老师使用，有效保护机构知识产权

5. 后台有监课功能，机构可监管教师的上课质量

6. 重服务：合作之后有真人小助手群，全天 12 小时轮流值班，在使用过程中有什么问题能及时找得到人员解决

7. 教室有辅助摄像头，对书法和美术的客户比较友好

8. 有自己的硬件事业部，可为机构提供软硬件整体使用方案，硬件对 ClassIn 适配程度高，性价比高

9. 教室内有 NOBOOK 物理化学实验，物理化学神助攻

10. 有图形自动矫正和虚线功能，数学教师的福利

11. 配合一体机可实现多场景教学

九、线上学习平台的评价打分表

表 6-3 线上学习平台评价打分表

指标结构	单项指标	功能类别	三级指标	分值	评价等级					得分
					A	B	C	D	E	
					1.0	0.8	0.6	0.4	0.2	
课程开设与管理（10分）	课程实施	OF	供课程简介、课程安排、考核说明等信息服务功能，支持定时或随时开课。	4						
	课程管理	OF	支持选课或退选、配置事件提醒、进度管理、学习日志功能。	6						
课程资源管理与服务（8分）	资源管理	OF	提供资源库，支持资源分类与检索、外部资源引用。	4						
	资源服务	OF	支持资源设计与制作、资源上传与下载、资源再整合与共享。	4						
学习活动设计功能（18分）	学习活动类型	AF	支持自主学习（阅读资料、写笔记、提问题、存资料等）和协作学习（讨论、基于维基技术的协同写作）。	8						
	活动支持	AF	有相应的资源支持和软件支持。	3						
	活动管理	AF	支持发起活动、进程管理、自定义活动，有相应评价机制。	7						
学习支持服务实现功能（16分）	学习工具	OF	提供播放视频、记笔记、提问等功能，提供拓展资料。	6						
	交流工具	OF	提供论坛、即时聊天、视频会议等功能，支持第三方社交软件接入。	5						
	辅学支持	AF	支持定时答疑或实时答疑，支持推送指定资源、发送定制消息。	5						

续表

指标结构	单项指标	功能类别	三级指标	分值	评价等级					得分
					A	B	C	D	E	
					1.0	0.8	0.6	0.4	0.2	
学习评价与分析（14分）	学习评价	OF	提供随堂作业或练习、课后作业、课程考试、同伴互评、教师评价、活动评价等功能。	7						
	学习分析	OF	提供学习的基础数据统计功能以及综合数据分析功能。	4						
	学分与认证	AF	能实现学分认定、学分互认，提供证书。	3						
用户管理（9分）	安全保障	AF	具备登录保护邮箱或手机认证、实名认证功能。	3						
	学籍管理	OF	具备学籍信息管理功能，学分管理功能。	3						
	教师管理	OF	具备授课管理功能，学习管理功能。	3						
兼容性及扩展能力（8分）	软件硬件配置	AF	服务器，数据库与浏览器具有兼容性，并支持移动服务。	4						
	兼容整合	OF	操作系统，与浏览器兼容，具有本土化接口，能整合第三方软件。	4						
界面设计（8分）	界面风格	AF	界面简洁美观，具有艺术性。	3						
	导航设计	AF	导航功能简单易用，连接准确。	5						
交互设计（9分）	交互方式	OF	提供电子邮件、视频会议、即时聊天、平台使用帮助等交互功能。	5						
	交互质量	AF	交互功能易操作，反应速度快。	4						

总分：

第二节 线上学生指南

一、学生上网课用哪些设备

（一）平板电脑

平板电脑比手机屏幕大，操作更方便，又比笔记本电脑轻巧易携，用来上网课再合适不过了。一般上网课对平板的要求并不高，入门级处理器搭载4G内存、硬盘容量64G、8寸以上屏幕基本就能满足使用了。选购建议：对于一般家庭而言，性价比高的自然是安卓平板了，一般千元左右就可以买到性能不错的品牌平板；对于高收入家庭，iPad系列无疑是首选，功能强大，尽管用来给孩子上网课有点大材小用。

（二）笔记本电脑

用电脑上网有着手机、平板无法替代的好处，那就是屏幕大、显示清晰，方便孩子观看学习；而且对于职业技能培训的网络课程而言，绝大多数的专业操作软件都只能基于PC平台来应用，只有电脑才能边看边操作。选购建议：普通的学生网课对电脑配置要求不高，比如酷睿i5处理器、4G显卡、8GB内存、240GB固态硬盘就够用了；如果是职业技能培训网课，需要用到各种专业设计软件，则电脑配置应不低于主流i7处理器、专业独显、16G及以上高频内存。

（三）手机

现在家长几乎人手一部智能手机，用手机给小孩上网课无疑是最简单的选择。不过手机的显示面积太小，使得孩子不得不近距离观看屏幕，长时间容易造成眼疲劳，甚至近视。所以，还是尽可能用屏幕大的手机。选购建议：选择上网课的手机最主要的一点就是屏幕尺寸要大，至少5.5英寸以上；性能方面，只要能够流畅操作、续航能力强就够，像单给学生用，一般千元智能机就行了，太好的反而拿去玩游戏。

（四）网络电视

除了可以在教育部门指定的电视频道收看网课教学外，还有可以通过软件投屏的方式将手机、平板的屏幕投屏到网络电视上播放观看，这样学生能够更加清晰地观看授课内容，也有利于保护视力。选购建议：上网课电视一定要支持无线投屏功能，以智能网络电视为主，分辨率应不低于高清1920×1080，其他硬件配置不需要太高，一般视家庭需求而定，毕竟电视只用来上网课也就太浪费了。

（五）摄像头

一般来说，学生上网课是可以不用摄像头的，但为了方便教师实时查看学生学习状态，很多教师也会要求学生打开摄像头。当然教师网上授课想要有一个更好形象的话，就需要用到一个专门的摄像头了。

二、问卷调查：心中最期待的网课的样子

理想中的网课

1. 不用早起跑操

2. 不用跑着去食堂吃饭

3. 自由支配的时间变多

4. 减少一部分的压力

5. 不用跑课间操

6. 讲课速度适中，有学案和对应练习，作业及时讲评

7. 老师上课高效，不会为了让学生认真听讲而过多提问

8. 作业量适当，可以让学生有更多与老师沟通和自主巩固复习的时间

9. 老师和学生设备正常，有适当互动，像在学校一样有氛围

10. 老师应鼓励学生在网课期间加强自制力弯道超车，而不是告诉学生网课学习效率低，要努力保持当下情况，甚至于总是强调大多数人学习成绩会下降的问题，给学生一种保持现状就好的误导

11. 劳逸结合，一节课时长合适，不要总让学生盯着屏幕，一天课程会导致视觉疲劳，导致课上效率不高

12. 我认为最期待的网课模样就是现在这样，老师认认真真上课，学生们认认真真听课，一起努力，共同进步，备战高考，一起奔赴更好的明天

13. 师生交流能够快速，流畅

14. 上课效率更高，不会因为网课等原因影响上课效率

15. 可以利用互联网资源让课堂更加活跃，有趣味

16. 学生作业的批改更加便捷，有效

17. 减少盯着屏幕的时间，多放松放松身体和眼睛

18. 设备问题少

19. 背景噪音少

20. 网络通畅

21. 回顾基础知识

22. 运用网上资料

23. 学习环境：安静，能静下心来

24. 学习设备：流畅不卡顿，网速好

25. 课程：｛选择题｝线上授课作业数据方便统计，可以先评讲失分率最高的题目，避免由于课时有限等因素漏掉了重要习题；｛大题｝根据学生的错误答案分析：为什么不能这么写，标答为什么这么写，学生的错误答案和标答的异同，为什么会出错，是哪方面的知识存在漏洞，相关知识适当拓展，有侧重的分析

26. 师生互动：目前状况很好，暂无改进意见

27. 作业方面：化学符号很复杂，在不同设备上可能存在不兼容乱序的问题，最好在学校印好发给学生，提高效率；作业最好发 word 形式的而不是 PDF，这样方便学生根据自己需求使用

28. 教辅：备战北京高考这本书的"印刷错误"很多，希望老师留作业之前可以更正，避免学生做作业时由于这种印刷错误耽误大量不必要的时间

29. 我认为已经可以达到学校课堂的 80% 甚至更多，希望以后可以尝试小组学习方式?

30. 增加不定时互动（防止走神）
现在的网课状态就很好了，已经是理想中的网课了

31. 劳逸结合

32. 内容充实，效率高

33. 老师尽量减少提问，否则影响进度

34. 尽量布置作业量适中，让学生有吸收的过程

35. 进展适中，因为网课容易走神加上盯着电脑，学习效率低

36. 作业适量，这样课下可以有更多的时间巩固课上的知识

37. 老师课前可以放一放化学实验啥的，这样课前可以放松身心，还可以多学一点化学知识

38. 网课中可以组织学生在线讨论，随机分组啥的，因为网课这些都超级方便 也有效避免我们走神

39. 网课提问，否则容易走神不听讲，因为没法跟老师面对面

40. 期待网课可以有活跃的课堂气氛，浓厚的学习氛围。其实化学网课就挺快乐的了，大家也很喜欢学化学

41. 同学按时到岗

42. 上课互动较多

43. 作业认真完成

44. 认真听讲

45. 希望老师每节课可以多讲一些，感觉让同学来说不是那么清楚，也有一点点浪费时间（不是说找同学回答不好，只是我个人喜欢听老师讲，下了课再自我消化）

46. 希望作业是少而精的

47. 感觉每天可以发一些作业之外的题，供学生在作业完成后进行补充

48. 感觉每天可以留一些读课本的作业

49. 鼓励学生课下多问问题

50. 我心中最期待的网课是没有考试压力的网课，老师在课上可以利用网络优势授予学生更多与该学科相关的任何知识或信息，内容更自由，授课方式更轻松

51. 上课多和老师互动

52. 合理运用网上的资源补充学习

53. 上课能够像线下一样精力高度集中

54. 没有掌握的知识可以直接搜索

三、学生上网课要求

（一）学生线上学习硬件设施要求

最基本有手机一部，最好一台电脑加一部手机，微信和钉钉配合使用。手机提交作业用，电脑（或平板、投影电视）上课听直播课用。如果条件有限，用手机上课，必须购买手机支架，把学生的双手解放出来，用于记笔记。手机和电脑上要下载钉钉软件，最好一个学生只登录一个钉钉账号，便于教师统计上课和作业完成情况。

（二）每天网课期间要求

最好有一名家长陪护，督促孩子学习，帮助孩子上好网课，尽力做到不让孩子上网课出现漏课、上课时间不足、登录后不在电脑前而去干其他事、作业提交慢或不提交等情况，同时对教师网课情况提出合理化建议。

（三）让学生每天提前五分钟定好铃声，督促学生积极登录

（四）早读期间要求

早读时间 6:00—7:30，要求着装整齐，衣帽端庄，精神抖擞，站在书桌前读书，先高声激情诵读，再识记需要背诵的任务。根据教师布置的任务，逐项完成，

会背后等待教师检查，或在小组内背诵。需要背诵的内容，需家长配合提问并拍摄视频上传钉钉系统家校本。

（五）家长做好后勤保障

早上8点前学生要吃过饭，午饭12点准时吃饭，晚饭18点吃。吃过饭后做家庭作业，作业完成之后尽早休息，以保障第二天有充沛的精力学习。

（六）要保持学生学习环境安静，不得干扰学生的学习

（七）课间时间可以活动，但是不能远离家长视线

（八）督促孩子及时提交各项作业任务，尤其是纠错情况，家长要特别关注

（九）各位家长要做好家庭所有成员的防护工作，一切听从政府和学校教师指挥

四、线上开展丰富多彩的主题活动

成长不停歇，网上课程科学规划自觉意识，为阻断疫情向校园蔓延，确保师生生命安全和身体健康，教育部下发通知，要求2020年春季学期延期开学。学生在家可以利用网上课堂不间断学习，不断提升自我管理能力，那么，在同学们在网上学习期间，也要注意科学保护眼睛，合理规划学习生活。

（一）学生成长共同体

我校为提升学生生命共同体意识，充分发挥各种教育资源在学生成长中的积极作用,特成立学生成长共同体。其主要是基于成长关系而形成的班级子社群。由学生与学生成长促进者（包括任课教师、家长志愿者、学生志愿者和其他辅助者等）共同构成的团队。共同体成员具有共同的目标，相互尊重，平等交流，资源共用,彼此分享情感、思考、体验和观念,对团队具有很强的认同感和归属感。每个班级成立学生成长共同体小组多个，每组6—7人，分组合理搭配，兼顾学业成绩、性别、性格、爱好等因素。成长共同体全体成员集思广益，为团队起名字、制定目标、口号和行动守则等,以此作为共同体成员的行动纲领和价值追求。同学们可以与共同体成员交流学习心得、分享劳动成果。每周会对优秀的共同体小组予以表彰。

（二）拒绝"诱惑"

独自在家，绝非放任自流。按平时上课的标准严格要求自己，以确保学习质量。当然，你将面临无数的"诱惑"，手机、社交媒体、游戏、妈妈做的美味佳肴、顺手可得的水果，弟妹突如其来的"袭击"等等，所有这些都很容易

使你的学业和功课陷入困境。爸爸妈妈也许不像老师那样严格禁止你使用手机。但是，在网课期间，在完成作业的时候，请自觉关闭你的手机，以免 QQ、微信信息、邮件、短消息等让你分心和转移注意力。如果你仍然无法抵御检查短信息、微信、抖音、电子邮件或上网的诱惑，建议你直接把手机交给父母，就像在学校时一样，网课结束，作业完成，再拿回来。真正的高手和学霸是能够管理和约束自己的。务必将在家的每分每秒充分合理地利用，切勿虚度光阴。

（三）创建自己的学习空间

独自在家，你需要一个专门的学习环境进行学习。它可以是你自己的房间，或者是客厅里的桌子，或者是书房。它是一个相对安静的地方，确保网络通畅，配齐相关设备，耳机耳麦，课本、练习本等，你要把它安置得井井有条。在上网课期间或者完成作业时，请在你的"奋斗小天地"端正坐姿，切勿"懒虫"上身，赖在床上，或者"葛优躺"，确保以良好的精神面貌投入到学习中。

（四）科学自主规划时间

时间的灵活性通常是参加在线课程与线上学习的最大吸引力之一。但是，如果你没有时间管理的技巧和自律自觉的约束，那么，这种自由也可能有害。以下是一些最常见的有用的技巧，它们也许可以帮助你练习和提高你的时间管理技能。

1. 在学期开始时查看课程提纲，并记下主要作业

将它们标记在你定期检查的日历上，这样，你就可以知道接下来几天或几周将要处理的作业工作量。

2. 创建你要遵循的每天和每周时间表

每周指定一些时间阅读、发展兴趣爱好、完成作业等。把线上课程作为每周例行工作的最重要的部分，并提醒自己完成这些任务。

3. 在进行作业时，请尝试设置时间限制

为每个作业分配一定的时间，然后再进行下一个任务，并设置计时器提醒自己。

4. 在每周定期签到

查看你自己如何度过自己的时间。问问自己：今天我的学习有效吗？我如何改进和提高我的学习效率与学习质量？

5. 保护眼睛要牢记

借助网络上课学习，难免会造成眼睛疲劳，保护眼睛是这期间十分重要的事情。

（1）端正姿势

注意"一寸一拳一尺"，眼离一尺，胸离一拳，笔离一寸，即两眼和书本保持一尺（33.3cm），胸部与书桌保持一拳距离，握笔的指头离笔头一寸（3.33cm）。同样的道理，上网课，眼睛和电脑屏幕的距离，也要保持 30cm 左右，而且，屏幕要在双眼的正前方，不要歪歪斜斜。

（2）选用大屏幕

能用电脑就不用平板电脑（pad），能用 pad 就不用手机。

（3）勤给眼睛做个 SPA

6. 饮食和运动

学习当然要保证营养，供应你的"最强大脑"，你需要合理膳食，多吃蔬菜、水果。均衡营养，避免暴饮暴食，少吃甜食。每天保证 8—9 小时睡眠。网课间歇可以在室内进行适当的运动，练就强健体魄。

五、规范学生网课十行为

（一）调好设备，衣着整洁，精神饱满，按时上课

（二）对照课表，整理学具，准备充分，开始学习

（三）专心听讲，紧跟老师，积极思考，及时互动

（四）连麦发言，思路清晰，声音洪亮，规范有序

（五）圈点标注，掌握要点，笔记详尽，学有成效

（六）遵规守纪，屏蔽干扰，聚焦课堂，自控自律

（七）两操健身，音美悦心，劳逸结合，全面发展

（八）统筹时间，有效预习，解惑释疑，反思总结

（九）科学规划，写练结合，保质保量，完成作业

（十）网络秩序，共同维护，尊重隐私，谨言慎行

第三节 线上教师指南

一、教师上网课需要准备哪些设备

有了网课之后，学生足不出户就可以在家学习了，而且网课教师传授的学生比线下还要多，很多有经验的教师或者是在其他行业中有专业知识的人都愿意进行网上授课，不管是通过直播课还是录播课，在讲课的时候，都是需要设

备的。下面介绍了网课需要准备的设备。

（一）电脑

台式电脑、笔记本都可以，配置自然是越高越好。

（二）手写设备

可以满足课堂笔记、分屏的，主要有数位板、数位屏、触摸显示器等等。只要满足其基本书写需求，不要求高大上的话，推荐使用数位板。还有就是数位屏，可以实现双屏浏览与流畅书写，相比数位板更加便利高效。但是数位屏相对也贵一些，具体可以自己上网看看合适的。

（三）摄像头

笔记本自带摄像头就可以满足。如果教师对自己的形象展示有特别要求的话，可以购买专业摄像头，有些摄像头自带美颜效果，磨皮美白瘦脸，效果自然也很棒。

（四）耳麦

笔记本自带的麦克风就可以满足讲课，但是效果一般，会出现比较多的噪音。想要声音稳定一点的，可以购买头戴式耳麦，收音会好很多。

（五）麦克风

想要获得比较好的声音效果，除了耳麦、耳机，也可以选择一款麦克风来实现，可以尝试看看台式电脑的麦克风。

（六）补光灯

如果想要教师显得精神抖擞，精气十足，建议买个补光灯。

（七）背景布

有些教师想要专业一点，背景干净一点，并且方便后期编辑，可以试试购买背景布。

如果教师准备上网课，在选定好要上课的线上教育平台之后，就是将上网课的设备都备齐,特别是上直播课的教师，设备齐全可以让教师流畅地进行上课，还可以给学生带来很好的课堂体验。

二、线上备课教研

（一）线上教学质量提升关键在集体教研

1.注重集体教研、集体备课

疫情突发而至，让教师再次和学生们隔屏论道。如何提高线上教学质量，关键在于线上集体教研、集体备课。区域教研部门要做好组织工作，教研员组织学校开展集体教研，做好"两包一带"，进行校本教研、学科教研、教师培养、名师培育。尤其是组织青年教师通研通备，进行"个体加工"，促进青年教师快速适应和成长，有效提升教育教学水平。教科研部门要组织学校进行集体教研，以问题为导向，发现问题，解决问题。善于利用大数据，深入分析学生的学习行为和结果，精准开展备课。以学生为中心进行集体备课，精益求精、反复雕琢，从小处着眼，细微处创新，循序渐进。

2. 建立线上巡课和听评课制度

学校要建立线上巡课和听评课制度，校长、教学校长、教务主任、级部主任、学科备课组长组成学校巡课听课团队，规范线上教学，督导教师线上行为。学校要多组织示范课、指导课、名师课堂，进行线上教学模式探究，形成教研合力。集体备课不能止步于教学实践层面，应涉及教学理论与教学实践的转化研究。更进一步讲，优化具体课例教学研究只是其外显一面，其实质在于如何凝练教学实践经验，构建具有校本特色的课堂教学模式。

（二）线上教学要探究与线下异同，提高教学设计质量

1. 提高教师课堂效率

在"停课不停学"特殊时期，要充分引导教师认识线上教学这种新方式的要素、特征与价值取向，引导教师不要将线上课堂变成线下课堂教学的直接"搬家"，更不能将线上教学变成"满堂灌"的课堂讲授。学校要引导教师减少授课容量，提高学习效率，要精讲，抓住教学重难点。教师要提高线上教学设计质量，做到"三讲三不讲"，即"三讲"为讲重点、讲难点、讲易错易混知识点；"三不讲"指不讲学生已经会的、不讲学生通过自学也能会的、不讲教师讲了学生也不会的。"三不讲"是"三讲"的基础和前提，"三讲"是"三不讲"的延伸和强化，不讲有不讲的实效性，讲有讲的针对性。

2. 优化课堂教学流程

教师要进行有效作业的设置，以问题为导向，总结学习方法和规律，开展自主探究式学习。在线上教学中，教师、学生、教学内容的三要素形态正在走向多要素的多组合形态，教学目标应兼顾学习目标，重视个体学习经验；教学内容应向基于知识点的知识图谱式表达转变，减少认知超载；教学资源应向多元化、适切性转变，满足差异化学习需求；教学组织应强调个性化教学、精准化教学，充分融合互联网要素，建构以"学"为中心的教学结构。

（三）线上教学要做到师生互动、生生互动

1. 引导学生自主合作探究学习

教师是线上教学互动的源头，学生是互动的主体，互动情境和方式则是保障。线上教学不仅仅是观看视频或直播，更重要的是进行师生之间的互动，因此，线上课堂少不了教师提问、学生回答、小组分享等环节。教师要在线上课堂中关注到每一个学生，要扩大互动面，让学生动起来。教师组织线上课堂，要做到生生互动，多点互动，让学生探讨，激发学习内驱力。

2. 增加师生互动频次和效能

线上教学要充分加强和发挥在线教学平台的技术优势，提高互动效果，甚至开展跨校的生生互动、师师互动。注重教学语言运用，有效应用游戏化等策略调动学生的互动积极性。综合运用多种互动方式，线上线下互动相结合，从根本上促进认知互动。

3. 创新师生互动方式

线上教学互动的形式丰富，融合了同步互动和异步互动，给学习者提供了多种的互动方式，比如，举手发言互动，在传统课堂中我们不会允许学生随意发言的，现在线上课堂，可以一边听课一边发弹幕，学生接受和喜欢这种方式，能及时了解到学生学习变化和情绪。在课堂中提问是最有效的线上互动方式。要善于通过提问学生促进互动，比如每隔10分钟左右可以通过提问互动一下。当然，有时可能没有学生回答，这样教师也可以自问自答，创造近似对话的情境。当然，这些提问不能仅仅是为了互动，要提前精心设计，要有助于学生进行思考，促进认知互动才行。

（四）线上教学要求教师掌握教学资源的运用

线上教学要着力提升教师的信息素养，不仅要向教师介绍多种工具、多个平台、多类资源，还要注重提升教师运用信息技术进行资料搜索、资源获取、知识融合、互动交流等的综合能力，促进信息技术与课堂教学的深度融合。只有教师的教学技术能恰到好处地支持学生应用不同的学习路径和学习素材，融合才有可能自然而真实地发生，这就要求教师：熟练应用线上教学平台和工具，如熟练进行互动、答疑、展示等操作，并带动学生熟练应用；具备数字化资源获取、创新应用的能力，如准确、快速获取核心资源，并创造性地将其应用于线上与线下教学。具有学习分析与应用的能力，如注重教学过程数据的采集、分析与应用，形成学生画像，为学生提供个性化的反馈与指导。

（五）线上教学要家校合育交织形成合力

学生居家线上学习，学习的物理环境由教室变成家庭，这就需要家庭教育与学校教育进行更紧密的合作。利用家长居家时间，做好亲子课程，监督学生学习的同时，要引导家长与学生互动讨论。刚开始线上学习的时候，可能需要家长帮忙下载安装各种 APP，并和孩子一起学习操作流程、一起想办法解决遇到的操作程序问题等，后续还有可能需要家长对孩子的用网时间、网络浏览内容等进行有效监督。更重要的是，教育需以开放化、透明化的方式呈现在家庭面前，需要教师通过多种途径与家长有效沟通，共同促进学生的学习与成长。疫情防控时期，教师没有办法和学生进行线下面对面的沟通与交流，需要尝试一种完全的线上空间教学形式。而在互联网环境下，学生有更多的自由空间开展自主学习，这要求学生具备更好的数字化学习与创新能力。另外，学生居家学习往往缺乏有效的外在监督，故需在新的环境下学会自我管理、学会自主学习、学会线上学习。

（六）线上教学要关注到每一名学生

1. 因材施教，关注到每一名学生

尊重学习差异、树立个性化教学观，是推动线上教学、创新应用在线教学成果的前提。线上教学使学习环境从"封闭"的教室转为开放的网络，网络学习空间呈现出体验性、开放性、用户中心的特性，为学生提供了自主参与的环境：云资源增加了学生自主选择的机会，而扁平化网络结构有助于学生成为知识的创造者、分享者和自主的学习者。考虑到线上学习的差异化，教师应为学生赋予学习主动权、选择权，立足于学生的个性化学习，重构线上教学观。线上教学中，教师的关注度至少达到班级学生三分之二以上，有选择的关注不同课堂环节中相对较弱的学生群体，并施以引导和鼓励，促进其勇于承担任务、大胆展现。学校要积极引导教师开展线上自主互助探究式小组合作学习，实现"A 带 C，A 指导 C，兵教兵"，因材施教，分层教学，给学生留不同等级的作业，供学生选择和升级。在升级的过程中，学生会产生成功感和自豪感，会引起学生学习兴趣。

2. 心理疏导，关注到每一名学生

网课的学习环境、学习资源、学习方式都发生了改变，同学们孤身一人在家学习，容易产生孤独感。如果仅通过视频的文字图像信息，学习刺激单一也容易产生疲劳感，遇到难题或者理解有困难的内容时，也无法像在学校一样马上能和同学、老师讨论，线上学习时，例如，卡顿等种种不可控因素增多，线上教学教师要关注学生情绪变化。疫情之下，每天进行着网课，长时间地盯着手机或电脑屏幕，还有家长长期陪伴和唠叨，这些因素都可能导致出现烦躁、紧张、焦虑、消沉等不良情绪，这些情绪影响学生身心健康、学习效率、亲子关系，教师要觉察学生的情绪，发现学生情绪问题，要及时调整学生情绪。

（七）线上教学要开展自主、互助、探究、拓展型学习

线上教学，要变以教为主为以学为主，变以个体学习为主为以互助学习为主，应是学生自主探究、合作学习的场所。线上教学知识点在线上，知识在线下，要组织学生线下探究、查阅资料、扩展阅读量、组织演讲、开展居家科学实验、居家体育锻炼等。在线上交流的过程中，教师要把握和引导小组交流中出现偏差、不会表达的现象，给予引导和鼓励、讲解，增强其信心，鼓励学生把"刚刚学来的"或"刚刚听来的"做以汇报，让学生学之得法，学习技能提升。线上教学，要让每个孩子都有参与的机会，尊重学生的情感体验。要多组织小组讨论、小组合作类的活动，让每个孩子都有说和听的机会，塑造学生心中都是课堂主人的意识，在活动中都能获得亲身体验，产生向其他同学表达感受的欲望。

（八）线上教学要注重评价，引领教师成长

线上教学的深入开展，要伴随着对教师开展评价，要激发教师不断改进教学的积极性、创造性，促进教师的专业发展，促进教师自我价值的实现。线上教学的教师评价，是一种面向未来的评价，是一种依据目标、重视过程、及时反馈、促进发展的形成性评价，主张在宽松的环境中，用动态的、发展的眼光，对教师进行持续的评价。在线上教学形式下的教师评价，是要为教师提供教育教学的反馈信息，促进教师对自己的教育观念、教学行为进行反思，全面了解自己的优势和不足，从而不断地改进教学，提高专业发展水平。通过数据平台，将教师的表现与原有基础比较，对不同发展阶段的教师，有针对性地提出改进建议、发展目标和进修需求等，使教师在成功的体验中不断改进。要评价教师线上教学的教学设计，技术应用，资源使用，引领教师专业化发展。要利用好大数据平台，做好数据运用，进行全周期、多角度、反馈性的评价，以动态视角追踪线上教学中教师的发展全过程。

三、制定线上教学班级公约十条

（一）按时起床　吃好早餐　语英早读　天天坚持

（二）提前到课　准时喊到　自我管理　全时在课

（三）认真听讲　做好笔记　主动思考　积极提问

（四）不玩游戏　不乱聊天　保护视力　勤做两操

（五）课后作业　按时提交　保质保量　及时订正

（六）知识盲点　绝不放过　线上线下　老师相伴

（七）锻炼家务　力所能及　父母家人　友爱沟通

（八）关心时事　培养爱好　非常时期　自律自强

（九）遵守纪律　听师指令　全神贯注　自我约束

（十）准备充分　迎接明天　青春岁月　莫负韶华

四、教师网课十五行为

（一）环境适宜

网课直播时，不仅学生是观众，家长也是潜在的观众，教师要注意环境整洁、声音安静。最好是独立的书房，身后避免有家人来回走动。

（二）形象得体

网络授课时，形象更重要。教师面对镜头更要注意形象。妆容要得体、衣着整洁、面带微笑会提升课堂效果。

（三）课件高效

课件制作要优化现有资源，与教学目标紧密结合，指令明确，视听质量清晰，环节紧凑，重难点突出。课件字体大小、颜色要有助于保护学生视力。要注意卸载或及时关闭干扰课堂教学的小插件。

（四）娴熟应用

教师要熟练掌握所使用的软硬件操作技术，能灵活地处理线上教学的突发事件，具有一定的应变能力。

（五）言词精准

语言得体，声音标准洪亮、风趣且有感染力。不得讽刺挖苦学生，避免激怒家长。言论要积极向上，充满正能量。

（六）语速适中

语速要适中，音量控制好。网络授课时声音会有一定的延迟，语速过快会影响学生的听课效果，教师要通过适中的语速让学生听清楚，感受教师的亲和力。

（七）灵活互动

授课过程中要多提问，让学生回答问题，避免一言堂。要根据课堂情境，适时连麦互动，激发学生学习热情。

（八）严守时间

由于线上上课没有下课铃声，建议各位教师上课前设置闹钟，准时下课。保证学生课间充分休息，避免影响下节课正常教学。

（九）学生管理

每位教师都要有管理意识，要熟知授课班级的学生情况，严格要求学生课上课下的学习行为，实时监管学生的学习状况。

（十）家校共育

利用致家长一封信、微信群或打电话、视频家长会等形式与家长做好沟通交流，晓之以理，动之以情，让家长认识到当前疫情形势，配合好教师对孩子的学习进行监管。

（十一）精心准备

这一点看似无用，其实不然。尤其是线上教学更为必要。无论做什么事，准备与不准备不一样，认真准备与不认真准备不一样。你若紧盯，学生就有可能紧跟。你不认真，学生肯定不认真，凡事必作于细，成于实。

（十二）有的放矢

线上教学不同于现场教学，有很多不可控因素。教师如果还像课堂上那样，全程满堂灌，只顾一人讲到底，可以想象其实际效果。因此，教师必须把最重要、最核心的内容传递给学生，切忌面面俱到，不分主次。毕竟线上时间有限，屏幕背后学生的注意力也有限，只有精讲到位，有的放矢，有所侧重，才会收到想要的效果。

（十三）主动出击

人都有惰性，何况学生。由于是线上教学，屏幕后面的学生看不见，你不知道他在干什么，也许确实在线，但在做别的事。为了保证线上教学效果，教师必须主动出击，可以在讲解的过程中或相关内容讲完之后，就某一问题及时提问某某同学，这样可以起到督促提醒的作用，避免学生开小差，从而把教学的主动权牢牢控制在自己手中。虽然不能掌控所有学生的注意力，但及时提醒督促总比被动等待要好很多倍。

（十四）及时评价

趁热打铁，熟能生巧。这一点类似于课堂教学，线上教学也是一样，教师在有针对性讲完相关内容之后，一定要留出一些时间就所学内容进行在线练习巩固。建议题量适中、难易适度，以选择题为主，所选题目要有代表性、典型性，可借助问卷星或问卷网开展线上作答，让学生在规定时间内完成。这样学生作答完，每题得分率就会一清二楚，教师讲解就有了依据，可重点讲解错误率比较高的题目，这样针对性强、效率高。此举还能检测出哪些学生在线认真听讲，及时答题，可谓好处多多。

（十五）借智聚力

他山之石，可以攻玉。借智聚力，为我所用。既然别人做得比较好，何必自己事事亲历亲为，完全没有那个必要，该拿来的拿来，该借鉴的借鉴，这本身就是学习。这一段时间网上免费的教学资源很多，教师一定要整合筛选，好中取优，真正将那些对自己教学有帮助的资源吸纳进来，切忌不加选择一股脑儿地推送给学生。

建议教师在教学中先理清思路，然后对需要的资源有目的性上网去搜索下载，而不是在现有的资源中选取，以免带入固定套路，毕竟每个人的思路不一样。线上教学，教师一定要激发出学生的学习动机，并维持住他们的学习行为，保证有足够的时间拖入到学习中去。同时，教师也要根据课件随时更改新的教学方式，让学生在线上学习中也能快速地吸收教师所教授的知识。

结　语

　　以研究的姿态，破解线上教学难题

　　从教育事件的角度来看，线上教学是在突发疫情下被迫上阵的，必然会存在一些不利的方面，如何将不利影响转化为积极的因素，遵循线上教学规律，最大程度发挥教育作用，努力提高教育教学质量，是我们每个教育工作者需要迫切探索的问题。这就需要我们以研究的姿态，正视问题，掌握变化的特点，把握教育规律，破解难题。

　　研究视点之一：如何把握培养目标，促进学生全面发展

　　居家线上学习的设计，不只是通过网络教学应急式地解决学生学科知识是否能学懂的问题，从课程的整体设计方面，要全面考虑学生德智体美劳全面发展，满足学生发展需求，科学安排学生的学习和生活活动，进行思想政治教育、科学文化教育、健康教育、艺术教育、劳动教育等方面的教育，尤其是要充分利用真实生动的社会情境，在抗疫过程中体现的国家制度优势和涌现出的可歌可泣的感人事迹，这些"教育关键事件"，培养学生社会责任、国家认同、科学精神等核心素养要素，培养学生自主学习能力，形成良好的学习习惯和心理品质。从学科教学角度，要强调以学科教学内容为载体，发展学生的学科核心素养，引导学生自主阅读、自主思考、自主锻炼、自主劳动、自主探究，实现更有价值的自主成长。

　　研究视点之二：如何创新教学方式，努力增强在线教学的实施效果

　　学生居家线上学习，学习环境、学习方式、学习特点都和在校集体学习有很大的差异，需要我们重新审视原有的教学方式。

　　学生从学校的集体学习环境回到家庭中的个体学习环境开展学习，学生的自主性增强，教师对学生学习的控制性减弱，主导作用弱化了，教师必须研究

适宜学生居家学习的新型师生关系。通过设计一些能引发学生思考的学习问题，适应学生自主性增强的学习方式，而不是一味通过各种手段实行高控的管理方式，要逐步培养学生"学习得靠我自己"的观念，确立学生在学习过程中的主体地位，因势利导地促进学生自主学习能力的发展。

线上教学往往容易更多地关注知识的系统和结构的逻辑，而缺少应有的互动，虽然一些教师也会在教学过程中提出一些问题，组织一些互动活动，但因为线上教学的一些局限，容易造成教师的教、学生的学、师生的互动交流组成的完整教学活动分成三个相对独立的环节，难以达到真实的班级学习活动，无法实现真实课堂教学背景下师生、生生的交流、互动与生成。解决这些问题需要教师真正地转变观念，以学生学习为中心而不是以自己讲解为中心，合理地设计教学互动，积极探索基于情境、问题导向的互动式、启发式、探究式、体验式等学习方式，给学生互动的平台和空间，努力减少不利因素。

线上教学和常规教学相比，教学时间偏短，学生与教师间交流的机会减少，教师要充分利用好课后的一段时间与学生积极互动，弥补互动的不足。此外，还可建立一些学生的合作群组，让学生之间有更多的互动机会，开展生生互动。合作小组既是学生建立情感形成社会技能的重要组成部分，也是一种富有成效的学习方式，让学生在小组中讨论问题，增进交流，让屏幕也有互动的温度。要引导学生善于利用线上学习的优势，解决学习上遇到的困难，如利用各种线上交流群向教师和同学请教，也可以利用论坛、社交平台等与网友们探讨。

研究视点之三：如何合理地安排内容和结构，适合学生在线学习特点

居家个体学生学习和面对面的集体学习在学习心理有很大差异，在教学内容与结构的安排上要充分考虑其特点，不能完全将平时的教学搬到线上，需要研究其内容与结构的特点。一是主线要清。要有清晰的主线，沿着主线循序渐进、由浅入深，根据学生的实际情况，利用多种教学手段、丰富的互联网资源激发学生的学习兴趣，降低学习难度。二是内容要精。线上学习是学生个体面对着视频，缺少集体气氛，对注意力要求较高，因此，对教学内容的选取要精心研究，讲关键、挑疑点，讲方法、找联系，充分调动学生主动思考，不要过分追求知识的完整而面面俱到，容量要适中。从内容和思维的容量来看，考虑到个人面对视频的学习，课堂的语言互动和情感互动都不及面对面的课堂，单位时间的容量要稍小于正常的课堂，一般在一个教学时长内，以解决一到两个核心概念或者关键问题为宜，对一些可能通过学生自主学习完成的内容，尽可能地通过问题导学方式（学习单、导学案等），让学生在课后的时间里自主学习，培养

学生主动学习能力。三是节奏要明。这里的"明"包含两层含意，一是根据学生的学习情况随时调整进度，切忌满堂灌、赶进度；二是教学节奏要张弛有度，减少学生学习假性疲劳，上课时，要迅速抓住学生的思维，否则学生的注意力很快就会分散，影响教学效果。

研究视点之四：如何加强情感沟通，满足学生社会性需求

处于时空分离状态的学生，无法与教师和同学之间真实地面对面，一定程度上会缺乏归属感，这不仅对正常的教学秩序、教学节奏和教学效果产生很大影响，对学生的健康成长也会产生不利。根据身心发展规律，学生需要真实的情感互动，越是低年级的学生，这方面的要求越强烈。教师温暖的笑脸、一个爱意的抚摸、一个点赞的手势，都会激起孩子很高的热情，进而转化为学习的动力。儿童天性好动，在外界情感互动缺位的情况下，学生难以在屏幕前坐上很长的时间。因此，线上教学如何加强情感交流是提高教学效果很重要的大面。一方面，情感的交流是发自教师对学生关注，心中有学生，心中充满爱，自然会有更多的情感交流。另一方面，加强情感交流也需要教师加强情感互动的意识，在教学设计和教学实施中重视情感要素，并在实践过程中提升情感互动的艺术，提高自己教学素养。此外，还可以通过技术手段如 AR/VR 等来模拟真实的互动与情感交流，增强线上教学的情感效果。

研究视点之五：如何指导家庭教育，协同做好育人工作

疫情期间学生居家线上学习，对家长是一个很大的考验，也是加强家校合作的最有利时期。一方面，线上教学对学校、学生和家长来说都是全新的课题。学校要主动承担起引导学生参与学校日常线上教学活动的主要责任，切忌把责任都推给家长；要信任学生，上传学生学习时照片的做法不但浪费时间，更无益于师生家长之间建立信任。学校和教师要让家长了解线上教学活动的具体安排，指导家长为学生准备好线上学习所必需的硬件，并努力为学生及家长提供及时的咨询和帮助。要努力避免因软硬件等各种原因可能给家长和学生带来的焦虑和失败情绪。另一方面，学校要通过多种形式，对家长开展家庭教育进行必要的指导。家长原来的角色主要是日常照顾孩子起居，早晚接送，督促孩子做作业。如今孩子有问题了，学不会了，家长要扮演起"教师"的角色，孩子在家的活动也需要家长参与配合和指导。很多家长力不从心，迫切需要学校教师给予指导。一是引导家长在家庭中形成平等民主的交流方式，不能始终以居高临下的态度对待孩子，否则孩子就不愿意和你交流。二是指导家长帮助孩子建立新的学习习惯和学习方法，毕竟线上学习对孩子来说也是新的学习模式。

如果孩子延续传统课堂的套路，容易出现网课听不懂、学不会、注意力无法集中、学习效率低、学习效果差等问题。要引导家长重视线上学习"自主化"的隐形需求，表面上看，网课让孩子的学习变得更便捷、更丰富，但并不会让学习行为变得更简单、学习内容变得更容易。技术推动教育变革，其中就暗藏了学习者学习动机、学习行为、互动方式变革的隐形需求。如果家长不能发现这种转变，延续以往家校关系中的角色，就无法帮助孩子建立新的学习方法和习惯。三是引导家长不要把注意力过多放在孩子的课程学习上，盲目干涉，过分监督，只会造成亲子间的情绪对立，要给孩子一定的自主空间和必要的信任，除辅助文化课学习外，充分利用这个契机，进行缺位的家庭教育，抓住疫情下共克时艰的特定事件，进行大爱教育，如敢于担当、服务他人的品格教育、劳动教育等，和学校教育有机协同，共同促进孩子健康成长。

改进与完善

本书虽然完成了，但并不等于该项研究工作的结束。在研究的过程中我们还有许多的困惑和未知领域。

·恢复了正常的线下上课后，进入了"后疫情时代"，线上教学由疫情期间的主导地位转为正常的教学辅助手段。这一变化如何更好地将疫情期间尝试、积累的线上教学经验最大限度地利用起来，继续发挥其作用？

·师生在恢复线下的教学后，师生学习成长共同体是否还可以继续巩固？

·线上教学是否能够对有些学科或者是依然"独立"地（如节假日的辅导、专题的讲座）存在下去？

·线上教学的中小学校线上教学评价细则如何使用？

·线上教学的指标评价构建过程中仍存在思维单一、不全面、构建评价指标交叉的现象。

·对线上教学的指标评价只是简单的尝试，如何落实践行优化策略是我们"十四五"将要进一步研究实践的重点等。

未来展望

线上直播课教学引发了我们对教育教学改革的深度思考。

一、教育理念的转变

"线上教学"不仅是特殊时期的应急之举，更是深化教育教学现代化改革的一次契机，信息技术支持的在线教学、混合教学，将是未来教学的重要方式，所以，我们有必要去了解和优化，使其成为线下教学的有效补充。

二、教与学的方式转变

我们认为未来学校的教育也将普遍朝着混合式教育发展，"线上教学"基本实现了学生随时随地的学习，教师个性化的教学，取得了良好的效果。兵无常势，水无常形。因势利导，顺势而为，相信线上直播课会在未来教育中发挥它独特的作用。

参考文献

[1] 黄丹,徐志超,高增,赵武.再看线上教学之争:从表象到本质 [J]. 河南理工大学学报 (社会科学版),2023,(04):106–115.

[2] 祁鑫,宋会英,陈强.线上混合式教学新模式及策略研究 [J]. 高教学刊 ,2020,(32):101–104.

[3] 王小磊.线上线下混合式教学模式"翻转课堂"初探 [J]. 发明与创新 (职业教育),2021,(06):20+22.

[4] 宋晓丽,高海霞,韦仕川.基于学生满意度的高校线上教学模式现状分析与改进策略 [J]. 海南师范大学学报 (自然科学版),2022,35(03):348–352.

[5] 储昭霞,陈永红.地方高校线上教学的满意度及提升策略 [J]. 淮南师范学院学报 ,2022,24(05):131–136+141.

[6] 白羽.高质量线上教学背景下教师综合素养的提升策略研究 [J]. 辽宁教育 ,2022,(18):12–14.

[7] 陈端.核心素养导向下初中化学线上教学有效性的思考 [J]. 上海教育 ,2022,(19):72.

[8] 王磊,宋凯,于晗,于敬波,王宇,徐平.线上直播教学的问题与完善策略研究 [J]. 高教学刊 ,2022,8(17):67–71.

[9] 闫翔云,张珍平.提高分析化学线上教学效果的有效途径 [J]. 集宁师范学院学报 ,2022,44(03):29–31.

[10] 徐迎磊.在线教学学习效果评价指标体系的构建研究 [J]. 黑龙江生态工程职业学院学报 ,2022,35(01):136–138.

[11] 张玲忠,陈景波.线上教学有效性提升策略 [J]. 甘肃教育研究 ,2021,(07):48–51.

[12] 王西平,李艳平,段静.影响线上教学效果的原因分析与改进措施 [J]. 科技风 ,2020,(28):45–46.

[13] 蒲伟华,付向艳.大数据背景下的线上线下教学融合策略 [J]. 信息系统工程 ,2023(07):149–152.

[14] 孙利宏.基于互联网的课程线上资源创建策略 [J]. 电子技

术 ,2023,52(05):298-300.

[15] 李永昌 . 线上教学中信息安全风险防御策略研究 [J]. 信息与电脑 (理论版),2023,35(09):220-222.

[16] 黄丽娟 , 李忠毅 . 高职院校 "双线融合教学" : 价值、困境与策略 [J]. 潍坊工程职业学院学报 ,2023,36(02):66-70.

[17] 张瑞 . 后疫情时代高职院校线上教学策略实施与创新研究 [J]. 辽宁师专学报 (社会科学版),2023(01):71-73.

[18] 王东 . 疫情下高职院校线上教学问题及策略研究 [J]. 辽宁高职学报 ,2023,25(01):57-61.

[19] 蒋洁 . 基于互联网的线上教学策略分析 [J]. 电子技术 ,2022,51(11):346-347.

[20] 金石 , 王璐露 , 宛敏 . 线上线下混合式教学的反思与策略优化 [J]. 中国大学教学 ,2022(11):72-77.

[21] 张辉哲 . 疫情防控背景下高职师范院校教育学课程线上教学策略探析 [J]. 辽宁师专学报 (社会科学版),2022(05):65-67.

[22] 安明明 . 高校线上教学质量影响因素的博弈分析 [J]. 甘肃高师学报 ,2022,27(05):108-112.

[23] 朱燕 . 高校线上教学的网络安全风险及应对策略研究 [J]. 中国多媒体与网络教学学报 (中旬刊),2022(10):245-248.

[24] 王军 , 李安娜 , 张洋 . 混合式教学模式下高校学生自主学习策略研究 [J]. 广西教育学院学报 ,2022(05):177-179+208.

[25] 崔耀元 , 刘胜林 .《市场营销》"线上 + 线下" 混合式教学体系构建与应用研究 [J]. 营销界 ,2021(31):101-103.

[26] 白琳 . 面向个性化学习的线上线下混合式教学研究 [J]. 中国现代教育装备 ,2021(11):51-53.DOI:10.13492/j.cnki.cmee.2021.11.017.

[27] 范程程 . 疫情防控背景下高校线上教学分析与研究 [J]. 张家口职业技术学院学报 ,2021,34(02):22-24.DOI:10.16220/j.cnki.cn13-1248/g4.2021.02.005.

《CO_2 前世今生》大单元教学设计

魏洪波

（北京市第一〇一中学怀柔分校 101400）

一、大单元教学背景分析

1. 大单元教学主题确定

《化学课程标准》中指出：义务教育阶段化学课程中的科学探究，是学生积极主动地获取化学知识、认识和解释化学问题的重要实践活动。它涉及提出问题、猜想与假设、制定计划、进行实验、收集证据、解释与结论、反思与评价、表达与交流等要素。因此，本单元以《关于全面深化课程改革，落实立德树人根本任务的意见》及化学课程标准为理论依据，从学生已有经验出发，积极创设以实验和社会热点为主的课题情境和学习情境，帮助学生认识化学与人类生活的密切关系，学习用化学科学观念、化学科学知识和化学科学方法来观察、认识自然与社会。初步形成主动参与社会决策的意识，逐步树立珍惜资源、爱护环境、合理使用化学物质的可持续发展观念。

2. 大单元教学内容分析

（1）在教材中的地位和作用

本内容选自北京版教材第六单元碳和碳的氧化物，本单元在全书乃至整个化学学习过程中，所占有的地位十分重要。它是培养学生在实验室中制取某种气体时，药品的选择、装置的设计、实验的方法等思路的最佳素材，二氧化碳也是与生活实际联系极其密切和广泛的一种重要物质。掌握此内容对学生今后学习元素化合物知识、化学基本实验及实验探究能力都有深远的影响。

（2）在教学中的功能和价值

从学科价值来看，二氧化碳是初中化学要求掌握的重要化合物知识之一，安排在空气、氧气、水之后，是教材第一次较全面介绍的元素化合物知识。按照单质——氧化物——酸碱盐这一由简到整的顺序，CO_2 作为典型的非金属氧化物，是其中联系的纽带，起着承上启下的作用。CO_2 性质的学习为后续学习酸碱盐知识以及高中基于类别认识的酸性氧化物的学习打下基础。二氧化碳可发生的化学变化较多，丰富的实验是培养和训练实验操作技能和实验探究能力的良好素材。

3. 大单元教学学情分析

（1）学生已有知识与能力

从学生心理情况看：学生在第二单元学习了氧气的实验室制法，已基本掌握了研究物质的方法，对本节课的学习有较大帮助。对于气体的制取原理、装置、收集有一定基础，已有了初步设计实验室制取二氧化碳的知识、技能，所以本课题的难度不会很大。由于本节知识是生活中能够接触到的物质，十分贴近生活，容易引起学生的学习兴趣，激发学生的探索欲望。从学生学习能力上看：初三学生刚接触化学不久，对化学尤其是化学实验充满兴趣。

（2）学生学习障碍点

由于学生对二氧化碳十分熟悉，所以对于二氧化碳性质的具体内容学生较容易理解，不构成学习障碍。对学生而言，这部分学习较为困难的是如何理解探究活动方案与探究问题及预期假设间的关系，并能依据实验结果形成探究活动结论。同时，学生对二氧化碳对环境影响的了解不够，看问题停留在表面，缺乏深思和探究意识。虽然学生能提出保护环境、减少污染等口号，但在思想和意识上没有形成强烈的感受，更没有影响其社会生活行为。

（3）学生学习发展点

通过学习，学生已经了解了从多角度认识物质及其变化的一般思路，知道"物质的结构决定性质、性质决定用途""质量守恒""物质在一定条件下可以相互转化"等学科思想，同时，也基本具备了较为熟练与规范的基本化学实验技能，有了进一步发展设计实验方案和评价方案的能力。本节课基于学生对于二氧化碳的了解，通过先自主设计实验，后实验探究的模式，让学生主动思考实验的目的和装置，取代传统教学中被动地接受书上的实验的学习方式，从而激发学生学习的主动性，培养科学态度与社会责任的核心素养。

二、大单元教学与评价目标设计

1. 教学目标

（1）通过探究实验室中制取二氧化碳的反应原理和性质，了解二氧化碳的用途；通过阅读了解自然界中碳的循环，知道温室效应，了解防止温室效应进一步增强应采取的措施。

（2）引导学生自主、合作、探究学习，学会使用实验方法获取信息，并用比较、归纳等方法对获取的信息进行整理总结。通过实验探究及对实验现象的分析，培养学生善于观察思考，勇于发现问题、解决问题的能力，培养学生的归纳总结能力和语言表达能力。

2.评价目标

（1）通过实验探究，培养学生求实创新、规范合作的科学品质，诊断并发展学生的实验探究水平。

（2）通过采用小组合作的形式，表达自己的观点，诊断并发展对化学价值的认知水平。

（3）通过体验、反思和完善实验设计，诊断学生依据所学化学知识和方法解决生产、生活中化学问题的水平，发展学生的可持续发展意识和绿色化学观念。

三、线上教学媒体介绍

使用在线资源平台 （网址、资源名称）	腾讯会议、钉钉、classin、睿易云 SPOC、MOOC、PPT+音频、直播（环节中使用优势）等
使用的在线教学工具软件优点	101 教育 PPT 具有思维导图、录制视频、在线互动、线上分享、作品创作、讨论交流、拼插实验等功能
使用的辅助支持工具／方式	问卷星、希沃、智学网、微信 QQ 群等

四、大单元规划流程图

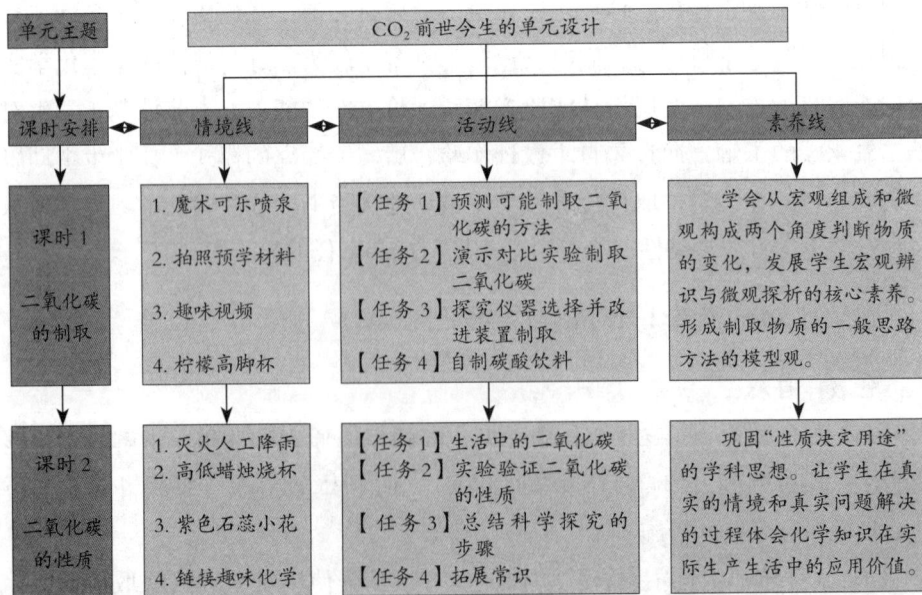

五、大单元教学流程设计

第一课时　二氧化碳的制取	
教师活动	学生活动

环节一：创设情境，引入新课

【引课】真实情境素材 PPT，春节晚会演员刘谦的节目 【任务1】请同学们完成化学课堂上的魔术：可乐喷泉 【提问】可乐和曼妥思薄荷糖发生了什么反应？ 【解释】可乐属于碳酸饮料，内含有大量的二氧化碳，当曼妥思薄荷糖掉入其中时，二氧化碳大量溢出，造成瓶子内部压力过大，可乐便喷涌而出。	【实验观察】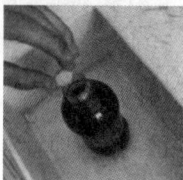 【回答】 生成了 CO_2 气体

设计意图： 居家线上，以魔术引出可乐和曼妥思薄荷糖趣味实验，帮助学生认识生活中 CO_2，激发学习化学的兴趣，引导学生自觉、主动的参与学习的过程。

环节二：CO_2 的制取

【任务2】预学检测，课前作业寻找制取 CO_2 的方法、药品和装置？ 【点评】展示导学案，分出等级奖励	【拍照】发送到微信群，小组讨论

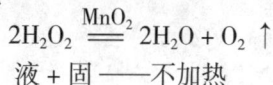

$$2H_2O_2 \xrightarrow{MnO_2} 2H_2O + O_2 \uparrow$$

液 + 固 ——不加热

【问题】实验室制取气体的思路和方法？

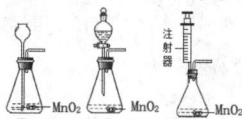

高锰酸钾制取氧气		双氧水制取氧气
反应原理	研究反应原理	反应原理
实验装置图	反应物的状态、反应条件和生成气体的密度、溶解性确定	实验装置图
	研究实验装置	
检验方法 使带火星木条复燃	由气体的特性确定	检验方法 使带火星木条复燃
	操作、检验	

$$2KMnO_4 \xrightarrow{\Delta} K_2MnO_4 + MnO_2 + O_2 \uparrow$$

液 + 固 ——加热

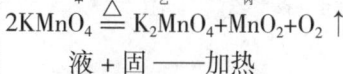

【解释】方法和理由

【问题】依据制取氧气的思路我们来制取二氧化碳，请同学们点评大家提供方法的优缺点 【归纳】1. 气体纯度要高 　　　　2. 装置、操作要简单 　　　　3. 反应条件要求简单 　　　　4. 原料廉价易得 　　　　5. 反应速率适中	1. 呼出 CO_2，不易收集 2. 干冰，价格高原料不易得 3. 发酵，速度太慢 4. 石灰石和酸反应，认为可以 5. 碳和氧气点燃，不纯 6. 氧化铁和一氧化碳装置复杂条件苛刻

设计意图： 拍照发送到微信群线上分享，应用开放式教学模式，头脑风暴法，让学生通过网络寻找制取CO_2可能方法，汇总20余种，应用制取气体原则逐一讨论，选出最佳方案。

【任务3】探究CO_2的制取原理

【介绍】胶头滴管改为注射器

1. 大理石和碳酸钠都可以制取CO_2，谁更好？

2. 稀盐酸和稀硫酸选择哪一个？

3. 学生操作对比实验？

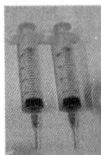

4. 比较反应快慢，分析？

反应药品：石灰石（大理石）、稀盐酸

反应原理：$CaCO_3 + 2HCl = CaCl_2 + H_2O + CO_2\uparrow$

【任务4】探究CO_2制取的仪器

【提出问题】 通过制取氧气的仪器选择，分析有三种制取气体的装置。

固 + 固—加热

固 + 液—加热

固 + 液—不加热

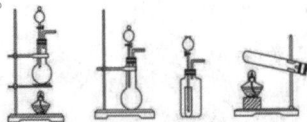

【小组讨论】完成对比实验

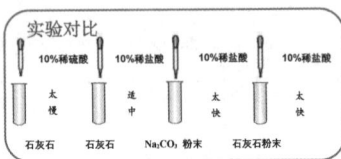

1. 粉末取一小勺，固体夹取一块

2. 试管"一横 二放 三慢竖"

3. 取5-8滴的酸液，将滴管垂直于试管口正上方，悬滴

【活动】 根据反应物状态和条件选出合适的装置

设计意图： 实验室录制，线上展示学生演示两组对比实验，根据探究，实验药品确定为大理石、碳酸钠、稀盐酸、稀硫酸，改胶头滴管为注射器，平板希沃同屏直播，每名同学在自己的电脑上都可以看到清晰实验现象，方便快捷。得出实验室制取CO_2的理想试剂。列举初高中所有气体发生装置类型，系统讲解，使初高中知识有序衔接，梯次递进，展示创新装置，培养高阶思维。

【任务5】制取CO_2实验操作

实验步骤：

连接仪器 ➡ 检查气密性 ➡ 装大理石 ➡ 加稀盐酸 ➡ 收集气体

检验方法　　澄清石灰水变浑浊　　验满方法

【提问】 观察屏幕实验盒中仪器，有没有图示所有仪器，请同学们设计完成实验。

【思考】查装加收验

【观察】 按图索骥，小组合作拍摄录制发至微信群，全体师生即时同步共享。

【改进实验】 改进实验室制取二氧化碳的装置

注射器代替长颈漏斗

具支试管替换锥形瓶

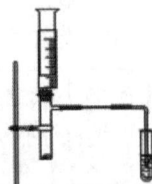

设计意图： 图示列举实验步骤，按图索骥，实操性强，实验目的明确，家长合作，分工清晰，拍摄录制绘制过程，发至微信群，全体师生即时同步共享。注射器代替分液漏斗，具支试管取代锥形瓶，改进了实验室制取二氧化碳的装置，实验中锻炼了学生动手能力和操作能力，培养学生发生、净化、收集、尾气处理的全面性和严谨的思维习惯。

环节三：生活中制取二氧化碳

【拓展】

视频：二氧化碳与过氧化钠的反应

视频：二氧化碳和镁条的反应

【解释说明】高中化学知识中的二氧化碳

【任务6】巩固链接

教材寻宝　讨论抢答　合作提升

【任务7】学生自主创新实验

【厨房小贴士】高脚杯1个、开水半杯、碳酸氢钠、
醋酸、蔗糖、柠檬、吸管

给出实验材料，自制碳酸饮料，让学生分析涉及
到的化学知识，并完成实验，摆出精美造型！

【交流】PPT展示二氧化碳浓度传感器读数，讨论

空气中 CO_2 的体积分数	对人体健康的影响
1%	使人感到气闷、头昏、心悸
4%—5%	使人感到气喘、头痛、眩晕
10%	使人神志不清、呼吸停止，以至死亡

【分析】初高中知识衔接得出结论，一般情况下，二氧化碳不燃烧也不支持燃烧，辩证推理。

【展示交流】

【实验】小组合作，录制、拍摄实验过程发至微信群，按要求完成，摆拍最美造型，全体师生即使同步分享。

【读数】课前课后室内 CO_2 浓度明显升高。提出室内要开窗通风。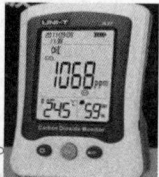

【评价】自评、互评

设计意图：视频目的，拓展高中实验，体现初高中知识衔接，得出结论，一般情况下，二氧化碳不燃烧也不支持燃烧，培养学生辩证的思维能力。厨房实验，家长合作，制作一杯碳酸饮料，融洽线上教学的家庭氛围，突出化学课的趣味性，生活处处皆化学，将课堂气氛推向制高点。传感器读数，体现二氧化碳对人类及环境的双面性。

板书设计：

第一课时　二氧化碳制取的研究

一、反应原理　　$CaCO_3 + 2HCl == CaCl_2 + H_2O + CO_2 \uparrow$

二、制取装置　{ 发生装置 { 反应条件　反应物状态 }　收集装置 { 气体密度　气体溶解性 }　气体性质 { 检验方法　验满操作 }

<table>
<tr><td colspan="2" align="center">第二课时　CO₂ 性质的探究</td></tr>
<tr><td align="center">教师活动</td><td align="center">学生活动</td></tr>
</table>

教师活动	学生活动
环节一：展示图片引入课题	
【图片】灭火、人工降雨、光合作用、可乐冒泡 【提问】以上图片都用到了一个物质是什么？ 【引导】今天我们共同来探究 CO_2 的性质 【板书】CO_2 性质的探究 【检测】学习 CO_2 之前，我们做了一个问卷调查。从问卷中总结出了大部分同学都认同的 CO_2 的相关性质和用途，并且展示在黑板上。请同学们分析左边和右边分别是什么性质？ 【板书】 无色无味气体　　　　不可燃 密度大 / 小于空气　　不助燃 溶于水　　　　　使澄清石灰水变浑浊 【教师】在问卷当中，同学们比较感兴趣的一个问题是 CO_2 为什么能用来灭火，另外一个问题是 CO_2 是否溶于水，今天我们就来系统的研讨一下。	【讨论】 探究原因，结合生活经验和上节课储备 【回答】是二氧化碳，并给出依据 【展示】问卷 【回答】物理性质和化学性质 【思考】对比，判断，整理
环节二：解释 CO_2 能够用来做灭火器的原因	
【引入】首先解决同学们比较感兴趣的问题：CO_2 是如何灭火的。老师手中有一瓶二氧化碳气体，我们像倒水一样把 CO_2 倒入到装有高低蜡烛实验的烧杯中，请同学们观察并记录实验现象，填写导学案。 【演示实验】手机希沃同屏将 CO_2 倾倒高低蜡烛的烧杯中。 【教师】 ①蜡烛自下而上熄灭？说明什么？ ②蜡烛熄灭了，说明 CO_2 就有什么样的性质？ 【问题】通过这个实验，你知道 CO_2 为什么能够灭火的原因了吗？ 【说明】正因如此，CO_2 常被用来灭火。 【创新实验介绍】	【思考】聆听，观察并记录实验现象， 【回答】①密度比空气大；②不可燃不助燃 【回答】原因是 CO_2 密度比空气大，且不可燃不助燃，CO_2 覆盖在可燃物表面，隔离了氧气。 【分享】 学生网上查询的方法展示

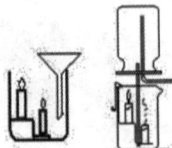

设计意图：同屏列举学生居家完成高低蜡烛实验，突出重点，激发兴趣，梳理猜想，提出质询。二氧化碳灭火实验是一个经典的化学实验，对其现象的深入剖析，不难得出二氧化碳的一个化学性质，即二氧化碳不燃烧，也不支持燃烧；一个物理性质，即二氧化碳密度比空气大。拓展创新实验，开阔视野，鼓励学生利用家有素材动手实验。

环节三：探究 CO_2 能否溶于水

【导学】请同学观察实验盒中两个饮料瓶。打开瓶盖，观察有什么现象？	【回答】有响声且瓶内有气泡。
【提问】这些气泡是什么？能否能溶解在水中？	【回答】CO_2。
【启发】同学们能否根据老师提供的药品和器材，设计实验方案证明 CO_2 是否能溶于水。（仪器：集满 CO_2 的软塑料瓶、集满 CO_2 的集气瓶、蒸馏水、水槽）	【回答】能／不能溶解在水中。 【预测】塑料瓶会形变，变瘪
【问题】请同学们汇报实验方案。 （提示：什么证据支持你的猜想？） （密闭空间内 CO_2 的体积减小，压强减小）。	
【教师】通过此实验，我们可以得出什么结论？CO_2 溶于水的这个过程是什么变化？	【回答】二氧化碳 能溶于水
【介绍】实际上，在工厂当中也是利用 CO_2 溶于水这条性质来制碳酸饮料的。	【回答】物理变化

设计意图：通过设计实验方案，放手让学生微信群充分讨论，确定合理的实验方案，然后选择优秀方案进行实验探究，这种立足于教材，又不局限于教材的做法充分调动了学生的思维，培养了学生的创新精神。培养科学探究能力及证据意识。

环节四：探究 CO_2 能否与水发生化学反应

【分析】瓶子变瘪的原因是由于 CO_2 溶于水导致瓶内气体体积减小，压强降低造成的，这是一个物理变化过程。那气体体积减小，是否只是 CO_2 溶于水这个物理变化呢？	【回答】也可能是 CO_2 与水发生化学变化了。
【提问】如何证明 CO_2 与水是否发生化学变化了呢？	
【追问】如何判断这个瓶子中是否有新物质产生？	【回答】需要证明 CO_2 溶于水后有无新物质产生。
【资料】石蕊是从石蕊地衣的植物中提取出来的固体，经出去杂质、加水溶解、稀释后可配成石蕊溶液。石蕊溶液常被用作酸碱指示剂，常态下为紫色，遇到酸性物质会变为红色。	【回答】看作用后是否有之前的物质所不具有的化学性质。
【演示实验】我们将塑料瓶中的液体倒入到试管中，滴加紫色石蕊溶液，你看到了什么现象？	

【提问】溶液变红，能否说明 CO_2 与水发生化学变化了生成新物质了呢？	【回答】紫色石蕊小花变红了。
【布置任务】小组讨论，石蕊变红还有可能是哪些原因。同时设计实验并验证你的猜想。	【回答1】不能，学生汇报原因。
	【回答2】能，因为石蕊溶液变红了，所以一定是有新物质产生了。
【注意】此处重点是让学生明确 CO_2 与水反应后生成的碳酸使石蕊变红的，重点关注学生如何排除 CO_2 与水两种物质的干扰。	【回答】不能说明。因为不一定是新物质使石蕊变红的。
【实验步骤】准备五朵用石蕊溶液染成的紫色的干燥的纸花，2瓶盛满氯化氢的集气瓶，2瓶二氧化碳的集气瓶。	【观察】对比
	认真记录实验现象
	小组研讨思考，汇报，对比记录
 1.喷水　2.直接放入氯化氢中　3.喷水后放入氯化氢中	【分析】五朵用石蕊溶液染成的紫色纸花颜色变化情况，控制变量，得出结论
4.直接放入二氧化碳中　5.喷水后放入二氧化碳中	【回答】二氧化碳能和水也发生了反应生成酸性物质。
【教师】这也正是咱们喝的"二氧化碳饮料"叫做"碳酸饮料"的原因。	【表情】恍然大悟
【板书】$CO_2 + H_2O = H_2CO_3$ 碳酸	

设计意图： 学生对 CO_2 使石蕊溶液变红的原因认识常有错误，通过探究验证生成新物质角度来证明化学反应发生，落实设计实验控制变量的思想。CO_2 通入紫色石蕊溶液中，溶液变红，学生会误认为是 CO_2 使其变红。要使学生认识到 CO_2 通入水中，一部分溶解，另一部分与水反应生成碳酸，是碳酸使紫色石蕊溶液变红，而不是 CO_2。以探究的形式完成实验设计，加深对此内容的理解，走出认识上的误区。

环节五：实验室检验二氧化碳的方法

【介绍】同学们在问卷中比较多的人都写到了检验二氧化碳，用澄清石灰水来检验。反应原理如何呢？根据下面的资料完成该反应的化学方程式。	【书写】学生根据信息写出化学方程式
【介绍】	【资料】澄清石灰水是氢氧化钙的水溶液，当溶液中的氢氧化钙与二氧化碳相遇时，形成了不溶于水的碳酸钙沉淀
【微实验】 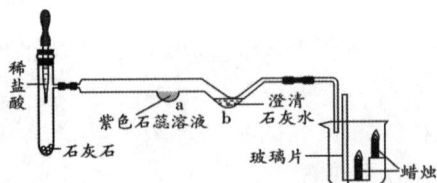	
	【交流展示】
	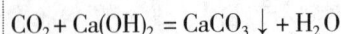$CO_2 + Ca(OH)_2 = CaCO_3\downarrow + H_2O$
	【整理】知识点

设计意图：运用元素守恒思想，培养学生变化观念与平衡思想，学会正确符号表征，发展学生的整体认识观和守恒规律。在分析的时候，充分地让学生讨论，使他们的思想火花互相交流、撞击，体现了合作学习的特点。

环节六：归纳小结关联性质

【教师】本节课，我们学习了 CO₂ 具有的性质，也了解了 CO₂ 的用途，同学们思考性质与用途系？	【回答】性质决定用途，用途体现性质。
生活链接 CO₂ "奇"与"妙" "俭"与"奢"	【归纳】联系生活实际，畅所欲言
	【学以致用】

设计意图：线上大单元教学设计，学生觉得有滋有味，有理有据，有趣有料，化学无处不在，链接生活，谈论碳达峰碳中和，弘扬家国情怀民族大义。

板书设计：

第二课时　CO₂ 的性质

物理性质	化学性质	用途
无色无味	不可燃，不助燃	灭火
常温下为气体	能使澄清石灰水变浑浊 $CO_2 + Ca(OH)_2 = CaCO_3 \downarrow + H_2O$	干冰光合作用
固体为干冰		碳酸饮料
密度大于空气	能与水反应	碳达峰
能溶于水	$CO_2 + H_2O = H_2CO_3$	碳中和

单元整体知识体系 板书设计

六、线上大单元教学策略及教学反思

1. 线上大单元教学优化策略

（1）有目的的预学

在直播课前，教师将事先设计好的预习内容以文本、图片和视频的方式发布在学习平台，方便学生进行自主学习。同时，学生在自主学习过程中可以通过平台讨论区发表观点，提出学习中遇到的问题。并将预习情况通过平台进行反馈。

（2）有目标的活动

趣味实验、对比实验、演示实验、创新实验、改进实验、拓展实验等，充分体现实验主题。丰富线上教学。

（3）有质量的课中

直播课中经过直播课前预习，学生对教学内容有了一定程度的理解，但是也会产生一些疑惑。因此，在直播过程中，教师要根据学生在自主预习过程中反馈的共性问题，确定本次直播活动要解决的核心问题，并引导学生对问题的核心内容进行分析，以帮助学生思考问题；其次，组织学生积极开展小组互动讨论和测试，促进学生传递与分享知识；最后，引导学生找到解决问题的思路和方法，促进学生整合知识，提升学习参与度。

（4）有效果的反馈

学生对"微课助学"直播课内容的认可度较高，认为"原理清晰，技术实用，干货满满""核心突出"等。此外，学生课后通过查看直播回放，在学习平台上对教师的教学效果以及自身的学习效果能够给予反馈，反馈内容可以是关于教师教学能力、直播教学有效性或教学满意度，也可以是对教学各环节的意见和建议。因此，通过学生参与的多元化学习评价，能够促进学生高质量完成课程学习任务，提高学生参与度，实现教与学的共同促进和提高。

（5）有趣味的线上

本单元通过翻转课堂的教学模式与平板、希沃、信息技术相结合的教学策略，微课助学、教材自学、学案导学、在线测学。利用平板电脑微课上传、统计、拍照、画图、抢答、视频直播等功能，激发兴趣。把信息技术引入课堂，辅助教学，线上教学互动频繁，全员参与，化学课线下走到线上，依然趣味横生。

2. 线上大单元教学实践反思（作者自己展开）

（1）课程设置丰富多元

《普通高中化学课程标准（2017年版）》明确指出了课程标准，使课程内容结构化，以主题为引领，使课程内容情境化，促进学科核心素养的落实。"可见，围绕大概念进行课程与教学设计已成为当前科学教育的发展趋势和热点问题。核心素养教育时代的教师须从高处俯瞰学科知识体系，提升教学设计的站位，变关注"零碎知识点"为关注"大单元设计"。解决知识碎片化问题的出路并非教学设计所需要的时长，而是揭示教学内容之间有怎样的关系，这就要求教师必须能够看到具体知识背后的大概念，进而围绕大概念组织教学。实践中发现大单元教学设计能发挥大概念的统领作用，在构建必备知识、提高关键能力、发展学科素养方面也有较大的优越性。

（2）教学内容有味有料

线上教学，时间紧，任务重，压力大，大单元教学，整合知识点，课前课中课后三重落实，将学生头脑中已有的知识系统化，网络化，与前面的物质学习联系起来，织成知识网，完善并提高学生对二氧化碳在自然界、在生命活动中作用的认识。

（3）师生关系融洽和谐

线上教学教师对待学生温和坚定，温暖关爱，语言幽默轻松，小组讨论汇报，抓住学生闪光点，及时鼓励激励认可赞许，使学生感受充分被关注，调动线上积极性。

（4）教学方式灵活翻转

课前通过翻转课堂、调研问卷、微课助学、预学检测、学案导学等策略，了解学生对实验室里制取气体及其性质的前认知，在此基础上，通过制造矛盾冲突及实际问题解决，达到由"科学探究"向"创新意识"的转变，深化"科学态度与社会责任"的化学核心素养。

高中化学线上教学实践与反思
——以"认识有机化合物"为例

魏洪波

（北京市第一〇一中学怀柔分校 101400）

一、大单元教学背景分析

1. 大单元教学主题确定

在全国上下同心防控的特殊时期，广大教师坚持"停课不停学，停课不停研，停课不停教"，积极适应线上教学的挑战，让学子安心学习、高效学习。充分依托网络平台功能，开展高中化学线上教学的实践体验。线上教学隔着屏幕，缺少课堂身临其境的互动，但统筹线上与线下，通过预学任务做好导引，设计线上课堂活动和评价，应用信息技术辅助在线教学，可以提升教学效果。以有机化学入门课"认识有机化合物"大单元教学设计为例，分析知识内容及教学价值，基于学生必做实验，搭建球棍模型认识有机化合物分子结构的特点，设计教学活动并进行线上教学实践，从鲜活的生活素材、居家动手自制各种形象直观的教学模具、在线软件实践体验等角度，落实"模型认知"的核心素养。

2. 大单元教学内容分析

（1）在教材中的地位和作用

《认识有机化合物》选择自鲁科版高中化学（必修2）第三章第一节，这一节是学生第一次接触和认识有机物的结构和性质。烃作为一切有机物的母体，而甲烷又是最简单的有机物，学生对甲烷的理解将直接影响到今后对各种有机物的理解和学习。通过甲烷的分子结构和性质的认识从而认识其同系列有机化合物的结构和性质，这样从个别到一般的整合符合认知规律。

（2）在教学中的功能和价值

本节对有机物的认识，先以甲烷为例认识有机物的一般性质，又从甲烷的结构特点拓展到乙烷、丙烷、丁烷及其异构现象，即从结构的多样性初步了解种类繁多的有机物。这样的知识编排符合学生的认知规律，利于提高学生的学习兴趣，促进学生知识结构的发展，提高公民的基本素养，帮助学生树立正确的有机物学习方法。

3. 大单元教学学情分析

（1）学生已有知识与能力

学生初中储备了原子结构、化学键知识，能够从碳的原子结构和成键方式入手，接受甲烷等有机物结构的知识，具备了学习甲烷的理论基础。已知道甲烷是一种化石燃料，能从组成上认识燃烧产物。

（2）学生学习障碍点

学生学习方式喜欢从熟悉的事物入手学习新知，对图片、视频、实物等感兴趣，喜欢自己动手，不喜欢理论性强的内容，特别是计算问题。认知方式缺乏对知识进行主动的探究和建构，主动性差偏向形象思维，空间想象力差。

（3）学生学习发展点

本节课注重学生新知识的形成过程的同时，体会到如何进行科学的思考；通过自学、展示、讨论探究充分调动了学生自主学习的积极性和主动性，锻炼了学生的表达能力和团结合作的团体精神、竞争意识。教学设计注意体现化学的实用价值，与生产和生活紧密联系，在教与学的过程中促进学生科学的价值观和世界观的形成。

二、大单元教学与评价目标设计

1. 教学目标

（1）通过垃圾分类词云图认识有机化合物的一般性质，能从元素组成、结构、性质等角度概括有机化合物的共同点，知道有机化合物分子是有空结构的，知道有机化合物与无机物的差异，培养"结构决定性质"的观念。

（2）通过抗击疫情故事和有机化学史介绍，使学生们认识到有机化学对满足人们日益增长的美好生活的重大贡献。

（3）通过拼插简单有机物的球棍模型，认识甲烷、乙烯、乙炔、苯的成键特点。以烷烃认识同系物同分异构体的存在，能够对简单的有机化合物进行分类。

2. 评价目标

（1）通过辨识常见有机化合物分子中的碳骨架和官能团，正确书写简单烷烃和乙烯等典型有机化合物的结构式及结构简式。诊断并发展对化学价值的认知水平。

（2）能依据碳原子的成键特点对有机化合物种类繁多的现象进行说明论证。培养学生"宏观辨识与微观探析""证据推理与模型认知"的学科素养。

（3）通过体验、反思和完善实验设计，诊断学生依据所学化学知识和方法解决生产、生活中化学问题的水平，培养"科学探究与创新意识"。

三、线上教学媒体介绍

使用在线资源平台（网址、资源名称）	腾讯会议、钉钉、classin、睿易云SPOC、MOOC、PPT+音频、直播（环节中使用优势）等
使用的在线教学工具软件优点	101教育PPT具有思维导图、录制视频、在线互动、线上分享、作品创作、讨论交流、拼插实验等功能
使用的辅助支持工具/方式	问卷星、希沃、智学网、微信QQ群等

四、大单元规划流程图

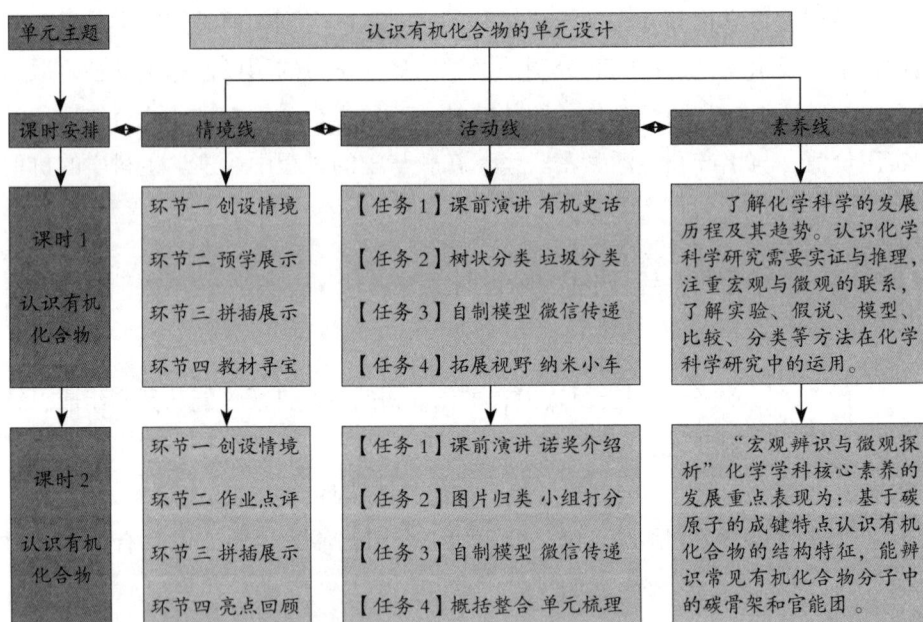

五、大单元教学流程设计

第一课时　认识	
教师活动	学生活动
环节一：创设情境，引入新课	
【课前演讲】"疫情之下话有机，疫苗，疫苗，我辈责任！"学生腾讯会议共享屏幕，展示这样	【实验观察】

一张图片，描述口罩、防护服、手套、医疗用品、疫苗为有机物，弘扬医护人员的勇毅前行的奉献精神。 【化学史话】教师介绍有机物的科研历程，1769—1785 分离提纯有机物，葡萄——酒石酸，鸦片——吗啡，尿液——尿素，1806——"有机"和"生命力"，1828——人工合成有机物，1874——碳氢化合物及其衍生物，诺贝尔奖设立120 年，与有机化学有关的 60 多年。	【回答】学生根据疫情期间的常识， 防护服　手套　帽子　口罩 药物　疫苗　酒精　为有机物

设计意图：居家线上，探查学生的原有认知，突出有机化学在化学学科体系中占有重要地位。强化科研的艰辛，突出责任担当，弘扬大爱。学生共享屏幕汇报，鼓励学生积极参与互动，同频共振，增加参与感，提升注意力。

环节二：

【任务 2】【预学展示】：教师 PPT 展示，生活中衣食住行都与有机物息息相关，请同学们将分类树状图发送到微信群，教师共享荧幕，展示分享优秀作品。 继续追问，作为垃圾分类的宣传大使，你如何将垃圾分类放入对应的垃圾箱，学生共享屏幕，展示自己的作品。并播放小视频，寻找朗朗上口的顺口溜分享给同学们。	【拍照】溶解性 可燃性 有毒性 还原性 易挥发 难溶水 易分解 反应慢，要引导学生在观察并记录实验 【学生活动】利用腾讯会议让学生视频开麦点评批注分类的优缺点，微信群留言发表自己的观点，明确有机物无机物的区别。 玻金塑纸衣　　汞奥药池

设计意图：注重课前任务检验，增强线上教学学生的参与度，丰富课堂内容的趣味性。通过学生的实践体验，来进一步认识有机物的性质，表征有机物与无机物的不同，将生活中的真实热点话题引入课堂，突出学科价值。体会有机物性质各异，种类繁多，应用广泛。情境素材和问题的设计，都指向利于知识结构化和学生思维能力的提升这一核心目标。

【任务 3】【拼插展示】 　　教师提问：一个碳多个氢拼出你你认为合理的有机物？允许胡思乱想，鼓励奇思妙想？微信群作品展示，说明理由？ 1.葡萄爆米花组合　　2.玩具模型组合	【小组讨论】完成对比实验 【学生作品】实物模型搭建完成后，视频展示，每位作品作者阐述自己制作模型的依据和理由，表述自己的搭建思路， 1.四面体（理由稳定） 2.多键平面（8电子美观饱满） 3.平面正方形（依据教材）

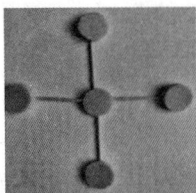

3.火腿牙签组合

4.西红柿牙签组合

4. 多键立体（病毒）

问卷星投票				
空间结构	正四面体	平面	多键平面	多键立体
统计结果	35人	3人	2人	2人

教师诊断学生的认识思路和遇到的问题，其他同学依据已有知识，做出判断。问卷星快速课堂投票统计，立即得出结论，发送奖杯🏆给票数最多同学，以示鼓励。统计结果如下：

经讨论，学生得出有机化合物中碳原子的成键特点：碳四价、甲烷空间构型正四面体的结论，本轮线上互动，POE策略（预测—观察—解释），学生印象深刻。

设计意图： 线上教学整合学生活动，还原学生的原有认识，注重教学评一体，活动逐级而上，通过拼插体会碳原子的成键特点"碳四价"，为后面两个碳、三个碳的烃分子的模型拼插打下基础。通过对核心元素碳元素进行分析，抓住了有机物结构学习的突破口和根本，认识到有机物分子是有空间结构的，认识到碳原子的成键特点及成键方式。同时体现线上教学优势，全员积极参与，反馈的即时性，实显网络强大功能，反馈参与情况和学习质量，传递信息迅速高效。

【任务5】【拼插再练】
用2、3、4个碳原子，氢原子数目任选，利用自制的原子模型拼插出你认为合理的有机化合物，C、C间一个共价键。

【学生活动】 同学们开麦集体谈论，点评每一个模型的优缺点，热点集中在碳四价，正四面体两个方面。教师强调模型中还要注意碳原子半径大于氢原子半径，共价单键可以绕键轴旋转，解释教材中的纳米小车的问题。

设计意图： 二次拼插完成模型的效化、分析、评估和调度，进一步反思提炼模型搭建的过程，完善有机物分子结构的认识思路，探究同系物、同分异构体，促进思路方法的形成。

环节三：

【拓展】【拼插延伸】 用2、3、4个碳原子，氢原子数目任选，利用自制的原子模型拼插出你认为合理的有机化合物，C、C间可以多个共价键。

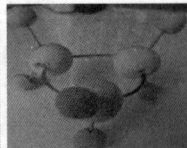

【学生活动】 学生微信群作品飘起来，百花齐放。

设计意图：小结碳原子成键方式，认识到成键方式的多样，挖掘其决定因素，不断应用巩固“碳四价”原则，用球棍模型套装引导学生思维，用彩泥、牙签拼插的过程中体会碳四价和有机物空间构型问题。同时将结构模型与结构式相互切换，基于碳原子的成键方式，理解有机物的分类。学生参与度高，层层递进，评析讨论，鼓励赞赏，争议认同，自评互评，抢答和头脑风暴（利用各软件的聊天功能）线上互动频繁。

板书设计：

第一课时　认识有机物

碳氢氧，有机物，共价键，共价化，非电质，难溶水，易互溶，易挥发，熔沸低，易燃烧，分子大，很复杂，反应慢，需催化，方程式，→表达。

第二课时　认识有机物

教师活动	学生活动
环节一：同系物同分异构体	
【图片】亲爱的同学们，依据上节课内容，请同学们完成以下任务。 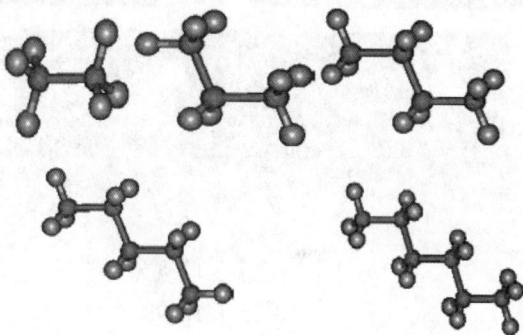	【演练】探究原因，结合生活经验和上节课储备 （表格：列标题 1 2 3 4 5；行标题：名称、分子式、电子式、结构式、结构简式、键线式）
【提问】请同学们观察分子式，寻找异同点。 烷烃： （1）概念：烃分子中，碳原子之间都以结合成，碳原子的剩余价键均与结合，这样的烃称为烷烃。 （2）烷烃的通式： （3）同系物：相邻烷烃分子在组成上相差一个 CH_2 原子团。像这种结构、分子组成相差一个或若干个原子团的有机化合物互称为同系物。 （4）物理性质：	【展示】作品 【回答】分子式 结构式 结构简式 电子式 键线式 实验式 【思考】对比，判断，整理
环节二：取代反应	

155

【拼插模型】请同学们实现 $CH_4 \rightarrow CCl_4$

【回答】集思广益，微信群发送作品

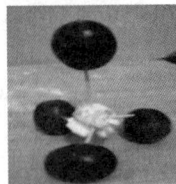

【点评】请小组讨论作品的优缺点？

【教师】取代反应：有机物分子里的某些原子或原子团被其他原子或原子团所替代的反应叫取代反应。

【分享】学生网上查询的方法展示

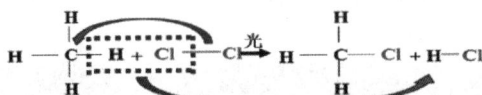

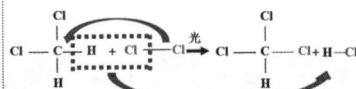

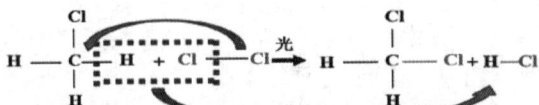

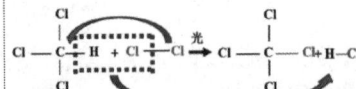

设计意图： 同屏列举学生居家完成实验，突出重点，激发兴趣，梳理猜想，提出质询。二氧化碳灭火实验是一个经典的化学实验，对其现象的深入剖析，不难得出二氧化碳的一个化学性质，即二氧化碳不燃烧，也不支持燃烧；一个物理性质，即二氧化碳密度比空气大。拓展创新实验，开阔视野，鼓励学生利用家有素材动手实验。

环节三：官能团

【拼插模型】

1. 实验探究

乙酸、柠檬酸、乙醇性质不同的原因

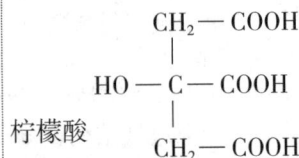

操作	I 白醋 少量 $CaCO_3$	II 柠檬酸 少量 $CaCO_3$	III 乙醇 少量 $CaCO_3$
现象	I、II试管中的 $CaCO_3$ 逐渐溶解，生成无色无味气体 III试管中无明显现象		
结论	乙酸和柠檬酸有酸性，乙醇无酸性		

【回答】实验现象

【回答】解释及结论：三者的结构简式分别为乙酸

$$CH_3 - \overset{\displaystyle O}{\underset{\displaystyle \|}{C}} - OH;$$

$$\begin{array}{c} CH_2 - COOH \\ | \\ HO - C - COOH \\ | \\ CH_2 - COOH \end{array}$$

柠檬酸 ；

乙醇 CH_3CH_2OH，乙酸和柠檬酸都能和 $CaCO_3$ 反应生成 CO_2，而乙醇不能和 $CaCO_3$ 反应。

【拼插】

官能团：决定着某类有机化合物共同特性的原子或原子团，决定了有机化合物的化学特性。

3.烃的衍生物

像醇、羧酸、酯这些有机化合物可以看作烃分子中的氢原子被其他原子或原子团代替后的产物，这类有机化合物统称为烃的衍生物。

小结：

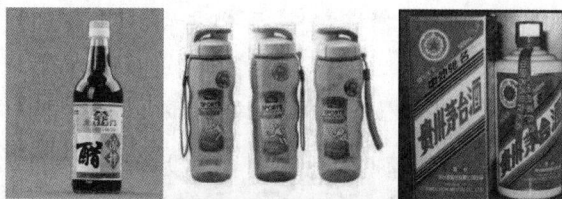

原因是乙酸和柠檬酸都含有相同的原子团——羧基（—COOH），羧基有酸性。下列物质的官能团名称及结构：

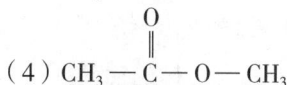

（1）$CH_2\!\!=\!\!CH_2$

（2）CH_3OH

（3）$CH_3\!-\!COOH$

（4）$CH_3\!-\!\overset{\displaystyle O}{\overset{\|}{C}}\!-\!O\!-\!CH_3$

教材寻宝

1. 酚醛树脂泡沫素有"保温材料之王"的美誉。
2. 空间填充模型可以表示分子的空间构型。
3. 甲烷分子的正四面体空间结构已通过射线衍射技术得到证实。
4. 美国莱斯大学研究团队利用纳米技术制造出来的一辆纳米车。

设计意图： 通过设计实验方案，放手让学生在微信群充分讨论，确定合理的实验方案，然后选择优秀方案进行实验探究，这种立足于教材，拓展视野，深度挖掘，回归教材，突出强化教材的重要性，思维导图，夯实核心知识，落实模型认知核心素养，又不局限于教材的做法充分调动了学生的思维，培养了学生的创新精神，以及科学探究能力及证据意识。

环节四：作业

【作业设置】

1. 请从字面意思试着理解什么叫"烃""烷烃""烯烃""炔烃""环烃""链烃""饱和链烃""不饱和链烃""烃的衍生物"。

2. 对于你刚才通过拼插得到的有机物，你能不能说一说它们分别属于哪种类别？用树状分类法做汇报。智学网拍照上传，评比结果下节课课前展示，一等奖礼品送🏆。

【分享】

学生智学网上作答

【学以致用】

设计意图： 简化处理概念教学，会用即可，通过学生活动探查学生是否会用，适时点拨。总结归纳，理清概念，突出线上特点，完成思维导图，强化本节知识。线上教学梯次递进，有序衔接，学生无疲惫和厌倦感，身在其中乐在其中。

板书设计：

第二课时

单元整体知识体系 板书设计

六、线上大单元教学策略及教学反思

1.线上大单元教学优化策略

（1）有目的的预学：在直播课前，预学任务课前演讲，有机化学发展史，垃圾分类词云图，内容与生活息息相关，学生在自主学习过程中可以通过平台讨论区发表观点，提出学习中遇到的问题，并将预习情况通过平台进行反馈，利用平板教学一键统计。

（2）有目标的活动：本单元设计线上多次拼插实验，平台展示、比较、评论、投票，丰富了线上教学。

（3）有质量的课中：直播课中教学环节有序衔接，学生似乎是在做游戏，没有压力和疲累感，组织学生积极开展小组互动讨论和问卷星投票活动，促进学生传递与分享知识；引导学生找到解决问题的思路和方法，促进学生整合知识，提升线上学习参与度。

（4）有效果的反馈：学生兴奋地参与往往是活动本身，而对背后的知识理解并不深刻，通过课后的问卷调查，探查有机物的核心知识，及时即时夯实知识点。

（5）有趣味的线上：学生觉得有滋有味，有理有据，有趣有料，化学无处不在，把信息技术引入课堂，辅助教学，线上教学互动频繁，全员参与，化学课线下走到线上，依然趣味横生。

2.线上大单元教学实践反思

（1）教学中的关键事件及分析

教学过程中学生课前演讲时间略显拖沓，拼插中有搭积木之感，因素材来自家庭厨房，随心所欲成分较大，碳四价空间构型缺少考虑。造成这一情况的主要原因是，教师只关注了自己所关注的目标，没有考虑到学生实际阅读和理解上可能出现的思维障碍，因此备课时教师既要备知识，又要备学生，在预设的思维难点上，要根据学生的实际情况制定教学策略，在备学生的环节还需要精准细致。

（2）学生学习情况的课后调查与分析

课后问卷星统计，理解的学生占77.5%，一般的占15%，模糊的占7.5%，在课后交流时有的学生认为，这节课活动丰富有趣，内容充实，小组合作比赛的重点在快速完成任务上，注意力全在动手上，而没有对概念深入理解，因此，教学中要将知识点线面融会贯通。当学生认识到知识的效用以及利用知识去理解、分析和解决真实世界中的问题的需要时，有意义的学习和建构就自然而然地发生了。

表4　线上问卷调查

概念	有机物	烃	烷烃	烯烃	炔烃	同系物	同分异构体	烃的衍生物	结构式	结构简式	官能团
理解											
一般											
模糊											

（3）本课例研究的体会

本节课是有机化学的入门课，目的是突出有机化学的重要地位，居家线上学习本身缺少课堂身临其境的互动，通过寻找身边有机物，强烈吸引了学生的注意力，激发了学习热情；通过课前演讲活动与学生产生强烈的共鸣，既融入了学科知识，又唤起责任意识，培养学生家国情怀，民族大义；通过生活垃圾分类的网络作业，鼓励学生行动起来，成为宣传大使，呼吁人人有责；通过线上绘制智慧树和问卷星活动，让信息技术灵活应用于课堂，使气氛活跃，兴趣浓厚："甲烷分子"图片教学效果过于抽象和狭窄，拼插模型比图片更加直观和形象，并且能够明显缩短学生理解知识的时间，提升学生对知识的理解水平。通过生活用品拼插球棍模型，头脑风暴开放思维，培养宏微结合证据推理模型认知的核心素养，体现生活处处皆化学，凸显学科魅力。课程设置丰富多元。

《经典的铁之家族》大单元教学设计

魏洪波

（北京市第一〇一中学怀柔分校 101400）

一、大单元教学背景分析

1. 大单元教学主题确定

《化学课程标准》中指出：金属及其化合物知识在中学化学中占有十分重要的地位，它们不是孤立的存在，而是与其它内容相互融合，是化学学科中基本理论、基本概念、化学实验、化学计算、变化思想等学科观念的载体与体现。在考查内容上往往与氧化还原反应、电离平衡、电化学、物质结构与元素周期律等化学理论知识相结合。该部分知识在命题的角度上充分体现了从知识型向能力型、从暴露型向潜隐型、从主观型向客观型转化的思想，能比较全面地考查学生的综合应用能力，可以充分挖掘教材的实际内涵。

2. 大单元教学内容分析

（1）在教材中的地位和作用

从本章来看：在学习了第一章"从实验学化学"以及第二章"化学物质及其变化"的基础之上，从第三章我们开始进入元素化合物的学习。本节从构成常见物质的基本元素知识入手，引导学生从化学的角度认识丰富多彩的世界。通过本节相关知识内容的学习，一方面可以为前面所学的实验和理论知识补充一些感性的认知材料，另一方面又可以为化学必修二物质结构、元素周期律等理论知识的学习打下坚实的基础，从而起到承上启下的作用。同时也可以帮助学生逐步掌握一些学习化学的基本方法，进一步认识化学在促进社会发展、改善人类生活条件等方面所起到的重要作用。

（2）在教学中的功能和价值

从本节来看：《铁的重要化合物》是人教版高中化学必修一第三章第二节的内容。铁及其重要化合物普遍存在，应用广泛，是学习的重点。本节课内容涉及铁、铁的三种氧化物、铁的两种氢氧化物及其制备、铁离子的检验、二价铁和三价铁之间的转化关系。与氧化还原有关的二价铁和三价铁之间的转化关系是学习的重点和难点。本节课内容丰富，教学容量较大，是重要的元素之一。

3. 大单元教学学情分析

（1）学生已有知识与能力

101 中学采取"1+3"贯通培养模式，初高中教材整合讲解。由于金属部分学习以钠为代表讲解，学生知识储备有限，而铁单质的授课内容初高中融合，跨度较大。所以本节课前作业设计为微课助学、教材自学和学案导学，在授课时以问题探究式为主。

（2）学生学习障碍点

本系列二价铁离子、三价铁离子的检验方法，覆盖整个高中化学知识，有一定难度。

（3）学生学习发展点

应用翻转课堂的教学模式，学生先学先测，上网查找，归纳整理。以创设情境→提出问题→引导学生实验探究→得出结论的程序进行教学，线上发挥空间较大。

二、大单元教学与评价目标设计

1. 教学目标

（1）让学生了解铁及其氧化物的性质及用途，了解铁的氢氧化物的性质及制备方法，掌握二价铁离子、三价铁离子的检验方法及相互转化。

（2）通过运用分类、比较、归纳的方法学习铁的重要化合物的性质。

（3）培养学生严谨求实的科学态度，从化学视角关注生活的习惯，体会化学对人类生活的重要影响。

（4）通过教师与学生、学生与学生之间的合作学习、研究性学习，体验探究成功乐趣，激发学生的求知欲，形成持续不断的学习化学的兴趣。

2. 评价目标

（1）通过实验、问题的讨论，培养学生求实、创新、合作的科学品质。

（2）采用小组合作的形式，通过对实验问题的设计探究，主动与他人进行愉快的交流和讨论，表达自己的观点，形成良好的学习习惯和学习方法。

（3）通过翻转课堂的自主学习，寻找化学反应的原理，体验、反思和完善实验设计，诊断并发展学生对化学价值的认知水平。

三、线上教学媒体介绍

使用在线资源平台 （网址、资源名称）	腾讯会议、钉钉、classin、睿易云 SPOC、MOOC、PPT+音频、直播（环节中使用优势）等
使用的在线教学工具软件优点	101 教育 PPT 具有思维导图、录制视频、在线互动、线上分享、作品创作、讨论交流、拼插实验等功能
使用的辅助支持工具／方式	问卷星、希沃、智学网、微信 QQ 群等

四、大单元规划流程图

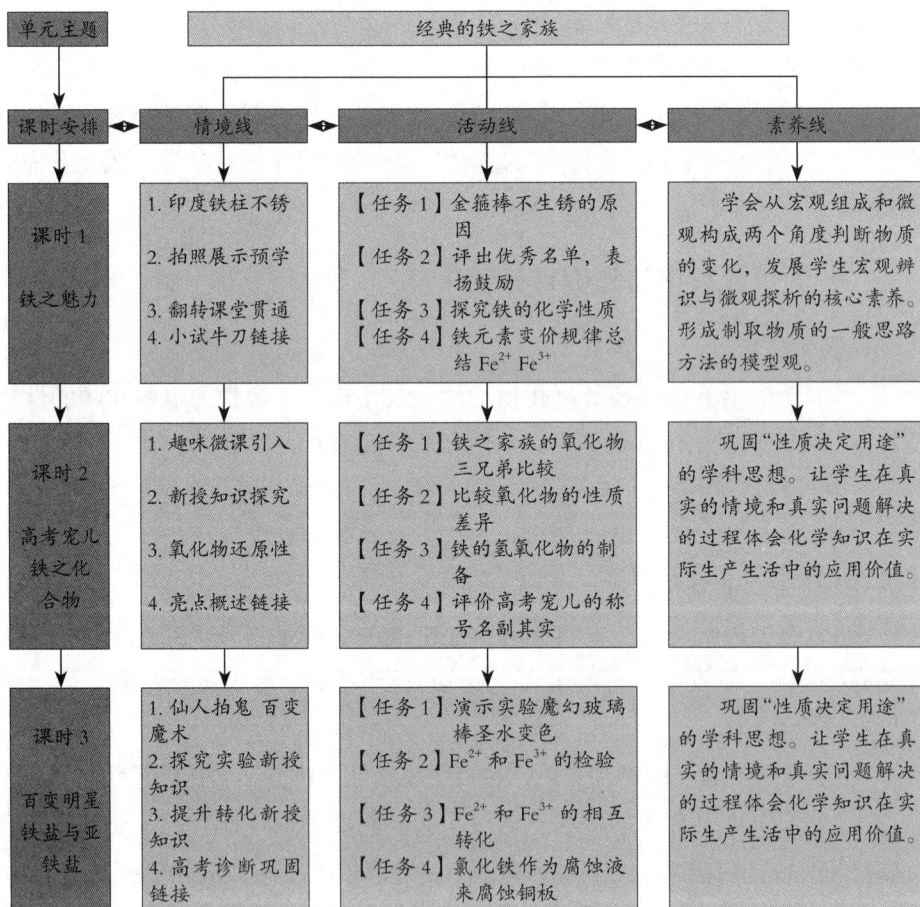

五、大单元教学流程设计

第一课时　铁之魅力	
教师活动	学生活动
环节一：印度铁柱不锈视频引入新课	
【任务1】思考孙悟空的金箍棒不生锈的原因…… 历史之谜：通过趣味讲解 核心内容：铁之魅力 真实情境素材：引出本节新课	【实验观察】诊断学生对铁的了解程度和认识水平。
设计意图： 线上资料，帮助学生认识生活中铁的内容，激发学习化学的兴趣，引导学生积极思考，自觉、主动、深层次的参与学习。	
环节二：拍照展示预学	
【任务2】预学检测 拍照展示预学学案，评出优秀名单，表扬鼓励 教师点评课前自学情况，指出问题	【拍照】发送到微信群，小组讨论 【解释】通过评价了解学生理解水平。学生思考回答
设计意图： 应用开放式教学模式，头脑风暴法，让学生通过网络教材微课寻找相关铁的知识。	
环节三：翻转课堂初高中贯通，探究铁的化学性质	
【任务3】学习铁的结构 1. 铁的原子结构示意图？ 2. 铁在周期表中的位置？ 3. 背诵地壳中含量前十位元素？ 4. 铁粉与碘单质混合物的分离方法？ 【任务4】探究铁的化学性质 【提出问题】钠单质化学性质类比 a. 与非金属的反应 与氧气_____与氯气_____ 与溴_____与碘_____与硫_____ 【任务5】铁与水的反应 【学生实验】阅读教材，分析演示 【信息】完成安装、制取、检验、尾气处理。 学生亲自操作，有序完成，明确每一步目的、现象、结论	【小组讨论】完成对比实验 【回答】 了解学生对已学知识点的记忆情况回顾。 【评价】 诊断并发展学生的分析能力、推理能力、类比能力。 【活动】根据反应物推理产物和可能的价态，找到规律 【评价任务5】改装为末端弯曲的试管，改棉花为润湿的废弃粉笔头。 学生讨论比较改进装置的优点

| 【任务6】铁与酸的反应
稀盐酸、稀硫酸、稀硝酸、浓硫酸、浓硝酸
推测产物的价态，比较酸的氧化性对比二氧化碳和氢氧化钠分析方法，找到铁与硝酸反应的产物，呈现数轴法。

【任务7】铁与盐的反应

【类比】硫酸铜和氯化铁溶液

【任务8】巩固链接

【教材寻宝】正误判断，高考题，强化知识点 |

【评价任务6】诊断并发展学生类比法推测物质性质，检查预学的水平。
【讨论抢答】多角度考察铁的性质
【合作提升】铁元素的变价规律总结，Fe^{2+} 和 Fe^{3+} |

设计意图：通过教材寻宝、讨论抢答、合作提升、巩固诊断、升华提炼本节知识点，学以致用。实验室录制，线上展示学生演示实验对比实验，改进实验，平板希沃同屏直播，每名同学在自己的电脑上都可以看到清晰实验现象，方便快捷。列举铁的性质反应类型，系统讲解，使初高中知识有序衔接，梯次递进，展示铁与水创新装置，培养高阶思维。

第一节 铁之魅力

一、铁的原子结构：(+26) 2 8 14 2 第四周期 第Ⅷ族

二、铁的化学性质：

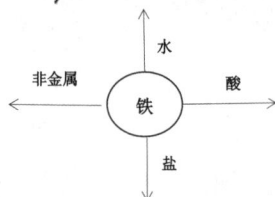

```
                    水
                    ↑
   非金属 ←—————— ( 铁 ) ——————→ 酸
                    ↓
                    盐
```

第二课时 高考宠儿 铁之化合物

环节一：趣味微课引入新课

| 【学习任务1】铁之家族的氧化物三兄弟比较……
迷你讲解：三种氧化物的特点
核心内容：铁之化合物
真实情境素材——引出新课

【学习任务2】比较氧化物的性质差异
演练氧化物与酸的反应
讨论 Fe_3O_4 与酸的反应原理 | 【分析】诊断学生对铁的氧化了解程度和认识水平。
【展示交流】
【演练】通过评价诊断对四氧化三铁的认识水平。
【实验】小组合作，录制、拍摄实验过程发至微信群，按要求完成，摆拍最美造型，全体师生即使同步分享。 |

【学习任务3】氧化物与还原性物质的反应 	【完成方程式】 诊断学生对高炉炼铁知识点的记忆
【任务4】铁的氢氧化物的制备  1. 铁盐和亚铁盐与碱的反应？ 2. 化学方程式离子方程式？ 3. 氢氧化亚铁制备的实验操作？ 【学习任务5】探究氢氧化亚铁的制取	【谈论】 小组合作，诊断并发展学生实验操作能力、比较分析能力。 希沃直播 学生实验视频 【学生活动】小组合作讨论，各种方法的优缺点
【集思广益】选出最优方案	【学生实验】在已经制得的氢氧化物中滴加盐酸，观察现象，完成方程式书写
【任务6】通过实验验证，铁的氢氧化物的性质	
【任务7】铁之化合物的重要性	
【任务8】巩固链接	检验学生的理解掌握程度，反馈探究能力。
【教材寻宝】正误判断，高考题，强化知识点	【讨论抢答】铁的氧化物氢氧化物
【合作提升】氢氧化亚铁的制取演变过程	【点评】 评价高考宠儿的称号名副其实

设计意图：巩固氧化还原知识，理清实验思路，寻找氧化物的共性和差异，培养浓厚的学习兴趣，和严谨求实的科学态度。通过第一节铁的性质，培养严谨缜密的思维习惯。在此基础上，改进装置创新实验突出本节课重点，强化其在高考中重要的地位，升华知识点，整理铁的化合物的学习思路，通过教材寻宝、讨论抢答、合作提升、巩固诊断，夯实学生的基础。

第二节 高考宠儿 铁之化合物

一、铁的氧化物： $FeO + 2HCl == FeCl_2 + H_2O$

$Fe_2O_3 + 6HCl == 2FeCl_3 + 3H_2O$

$Fe_3O_4 + 8HCl == FeCl_2 + 2FeCl_3 + 4H_2O$

二、铁的氢氧化物：

1. 制备    a 铁盐 + 碱   b 亚铁盐 + 碱

2. 性质    a 与酸反应   b 加热分解

3. 转化 $4Fe(OH)_2 + O_2 + 2H_2O == 4Fe(OH)_3$

第三课时　百变明星　铁盐与亚铁盐	
教师活动	学生活动
环节一：仙人拍鬼百变魔术引入新课	
【学习任务1】图片展示神奇的魔咒是怎样出现的…… 学生思考根据生活经验寻找原因 演示实验，魔幻玻璃棒，圣水变色 【学习任务2】Fe^{2+} 和 Fe^{3+} 的检验 1. 实验操作，要求规范？ 2. 实验现象，记录整理？ 3. 实验过程，拍摄上传？ 4. 组员分工明确，责权清晰？	【讨论】 通过评价了解学生自学水平。 【评价任务①】 了解学生预学情况，教材学案预学程度。 【回答】给出依据 【展示】预学答案 诊断实验原理的掌握情况。
设计意图： 创设情境，激发学习的兴趣，引导学生积极思考，成为学习的主人。帮助学生丰富生活中趣事。应用开放式教学，头脑风暴法，让学生通过网络、教材、寻找相关铁离子的检验方法。	
环节二：Fe^{2+} 和 Fe^{3+} 的相互转化	
【学习任务3】汇报实验现象 【学习任务4】回归教材，强化记忆 【信息】捕捉教材，抓住主干。 【学习任务5】Fe^{2+} 和 Fe^{3+} 的 【学生活动】Fe^{2+} 溶液中滴加氯水，后加 KSCN，Fe^{2+} 溶液中滴加后加 KSCN，氯水， 【类比】Fe^{3+} 中加铁粉、加铜片 【类比】Fe^{3+} 中加苯酚、加 KI 【学习任务6】巩固链接	【学生活动】每组代表汇报实验现象，介绍实验过程中遇到的问题 【学生活动】交流心得，分析原因，分享意外收获，解释原理 学生整理学案，有序完成，明确每一步的目的、现象、结论 　小组实验，观察顺序不同，现象变化，得出结论 【评价任务6】诊断并发展化学价值的认知水平
设计意图： 明确教材的重要性，拓展知识，开拓视野，氧化还原贯通，给学生全面系统的知识体系。在此基础上，培养辩证思维。录制实验清晰，线上对比效果好。	
环节三：巩固链接	
【教材寻宝】氯化铁作为腐蚀液来腐蚀铜板，原理，如何回收利用 【讨论抢答】现榨苹果汁在空气中为什么浅绿变棕黄色？如何保持？ 【合作提升】小试牛刀 2019 高考题，判断对错 绘制价类二维图，拍照上传。	【思考】对比，判断，整理 【评价】通过合作学习、研究性学习，体验探究成功乐趣。 核心知识网络化。

设计意图: 通过教材寻宝、讨论抢答、合作提升、从化学视角关注生活,升华提炼本节知识点。训练巩固提升完善铁之家族相关知识体系。绘制价类二维图,线上评比,提升参与度。

第三节 百变明星 铁盐与亚铁盐

一、Fe^{2+} 和 Fe^{3+} 的检验

1.直接观察 2.显色反应 3.利用氧化性 4.利用还原性 5.沉淀反应

$$Fe_2O_3+6HCl == 2FeCl3+3H_2O$$

二、Fe^{2+} 和 Fe^{3+} 的转化

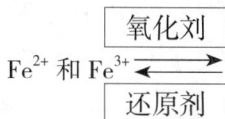

$$Fe^{2+} 和 Fe^{3+} \overset{氧化刘}{\underset{还原剂}{\rightleftharpoons}}$$

六、线上大单元教学策略及教学反思

1.线上大单元教学优化策略

(1)有目的的预学:在直播课前,将设计好的预习内容以文本、图片和视频的方式发布在学习平台,方便学生进行自主学习。同时,学生在自主学习过程中可以通过平台讨论区发表观点,提出学习中遇到的问题。并将预习情况通过平台进行反馈,集中重点统一讲解。

(2)有目标的活动:铁及其化合物是高中化学的重中之重,实验内容超级丰富,选择家在学校附近的同学回到实验室,逐一完成实验录制,演示实验,对比实验,创新实验,课堂中同学们看到自己或自己的同学,兴奋不已,有目的活动,丰富实验课堂。

(3)有效果的反馈:学生对"微课助学"直播课内容的认可度较高,认为"微课不微,微而有料""突出核心,亮点集中"等。录屏功能可以反复回看,重点不易懂处可以暂停,能够促进学生高质量完成课程学习任务,提高学生线上参与度。

(4)有趣味的线上:翻转课堂的教学模式,微课助学、在线测学。利用平板电脑微课上传、统计、拍照、画图、抢答、视频直播等功能,激发兴趣。把信息技术引入课堂,辅助教学,线上教学互动频繁,全员参与,化学课从线下走到线上,依然趣味无穷。

2.线上大单元教学实践反思

(1)通过知识网络图整合知识点

铁是我们日常生活中运用最广泛的金属,也是学业水平测试中考查的一种

重要金属元素。铁的化合物包括三种氧化物、两种铁盐、两种氢氧化物，种类比较多，知识点之间还存在一定的联系，如此复杂的体系用关系图的方式呈现是最恰当的。因此，以元素化合物复习的基本思路进行的同时，不断补充完善整张知识网络图，学生在不经意间建构了铁及其化合物的知识体系，也亲手绘制了这张图，融合价类二维图，对图中每一个物质的定位，每两个物质之间的连线关系都十分清楚。真正让这张图印刻到自己的头脑中。

（2）通过对比和归类，突破重难点

本节课的重难点是铁离子与亚铁离子的转化以及铁离子的氧化性与亚铁离子的还原性。如果只是这样呈现给学生，接受和应用的效果不佳，丰富的实验视频，讨论其背后的原理，铁离子与亚铁离子的多种鉴别方法，铁离子与亚铁离子的除杂问题。学生在围绕这两个问题思考的过程中，自然要运用上述知识，学生在回答问题突破难点的过程中，将绘制的知识网络图上呈现出来，使学生更加清楚图中铁三角之间的关系，也使物质之间的关联变得更加具体、有用、与解决问题息息相关。

（3）通过实验设计和改进，训练思维的多面性

本单元整体设计演示实验较多，但更需要更高层次的实验设计思路的训练，这节课制备氢氧化亚铁的实验值得去探究和改进。学生画图拍图评价，大大提高线上教学趣味性和参与度。